現実は3秒あれば変えられる

小池浩

サンマーク出版

人は2種類だと思います。
「いいこと聞いたな」で終わる人か、
「実際にやる」人か。

人生を変えるのは、まちがいなく後者。
この本でお伝えするのは、後者になるための
具体的な方法です。

✧現実だけが「正解」を教えてくれている

こんにちは、小池浩です。

借金2000万円超を9年で完済して、願望実現の仕組みをお伝えしている僕・コイケですが、**僕にとって興味があるのは「現実」と「再現性」だけです。**

20年以上にわたって、スピリチュアルと心理学の視点から願望実現の仕組みを研究して実践し続けた結論がこれ。借金返済の真っただ中の当時と、借金を完済した後、願望実現について講座や講演でお伝えする今。環境は一変しましたが、僕の興味は一貫して変わりません。

目の前はどうなっているのかという「現実」と、誰もが同じ結果が出せるのかという「再現性」。そこに、徹底してこだわってきました。

なぜそこにたどり着いたかと言うと、

「願望実現の仕組みの解明に、こんなにお金使って！」

「こんなに長い時間かけて！」

「何のために学んだの？」

「スピリチュアルってどこで活かすの？」

すなわち「おい、コイケ！　一体どこで元をとるんだよ！」と自問自答したとき、

「現実の世界で、でしょ。それは」と行きついたわけです。

「来世とか、あの世とかじゃなくて、現実の、いまこの世界で、僕は満たされたいんだ！」

そう思ったのです。

「どこどこの星から来た、なんて言われても、孤独だったり、お金に恵まれてなければ、うれしくもなんともないじゃないか！」

そう強く強く思ったのです。

「なんとかゲートなんてどうだっていい!!　お金の流れがよくなりさえすれば！」

そう骨の髄から思ったのです。

大事なのは現実です。

つまりは毎日の生活、日常がしあわせかどうか、ということ。

愛する人がそばにいて、物心両面で豊かな日常。

僕にとっては、宇宙とか次元とかよりも、こっちのほうが100倍大切。だから、僕が「幸せになる方法」をお伝えするときも、現実と再現性にこだわってきました。

いま、あなたの目の前の現実には、何がありますか？

もし、それが満ち足りたものであるならば、いまあなたが取り組んでいる仕事も、たとえば学んでいる心理学講座も、あなたの心構えや考え方も、それは「正解」と言えます。

そうではなくて、思うようにいかない、うまくいっていない、これは本当の自分の幸せではない気がする――現実がそうだとしたら、それは「何かが違っている」ということです。

現実だけが、「正解かどうか」を教えてくれています。

✧スピリチュアルはせいぜい「2割」

そもそも、「心理学」や、「スピリチュアル」といったものは、現実を理想どおりにするために、あくまでも使うもの。道具です。

多くの方にお会いするうちに、それらのせっかくの道具を、「現実」がよくなることに使えていない人は多いことに気がつきました。方法論を学ぶことばかりが優先されて、現実をよくするために「使えて」いない。

必要以上にスピリチュアルや心理学というジャンルに憧れ過ぎたり、崇め奉ったりして、現実から目をそらしてしまう人もいます。それはもったいないし、ときに危険。

あくまでも道具として、あなたの現実を「よくする」ために使い倒すべきなのです。

結局のところ、現実を変えていくのは、神や何かに「祈った人」ではなく、「結果を決めて行動した人」です。

祈ること自体は、スピリチュアルの面から言えば疑う余地もなくとてもいいことで、効果もありますが、「祈るだけ」で行動しない人が、望む結果にたどり着くことはまずありません。

あなたがすべきことは、結果を決めて行動すること。

現実をつくるのは、これだけです。

結果を決めることは、誰でもできます。

「こうなる」「これを得る」そう結果を決め、行動する。そして、現実が変わるまで行動し続ける。——それで現実が変わらないほうがむずかしい。まずは、決めることで、それは「3秒」あればできます。

✧「3秒の決断」が未来をつくる

「3秒？　3秒で現実は変わらないでしょ？」

3秒あれば、と言うと、そう言う人もいるかもしれません。

3秒でやるべきは「自分はこうなると決める」こと。まずはこの「決める」ということがすべてです。**3秒あれば、人は決めることができますし、むしろ3秒で決める**

べきなのです。

それ以上かかってしまうと、さまざまな思考が浮かび、「心の迷い」にもっていかれるということが起こります。

「好きなことで独立して年収を倍にしたい！　……そうは言っても、うちはもともとサラリーマン家庭だから、起業は向いていないだろう」

「幸せな結婚をして温かい家庭を持つ！　……そうは言っても、母親のことを置いていくわけにはいかない」

3秒を過ぎてしまうと、人の心にはさまざまなものが浮かびます。あなたの心の中にあるさまざまなバイアスが、あなたが決めようとする「こうありたい」「これをしたい」という純粋な願いを阻もうとするのです。

だから、3秒で決めてしまうことが肝です。

「どうしたらそれを実現できるか」は、決めた後でいい。

そもそも、あなたのなかに沸き起こる「これをしたい」という望みは、もともとあなたが人生で「これをやろう」と決めてきたものであることがほとんどです。

僕自身の人生だって、まさにこの「3秒」「3秒」「3秒」の連続でした。とにかく「まずは決めて」ここまで来ました。洋服屋で借金を抱えて、「9年で完済する」と決めたこと。「土日休みにして家族と過ごす」と決めたこと。「在庫を持たない仕事で成功しよう」と決めたこと。

いま振り返って、過去のたくさんの「3秒の決断」がここまで自分を連れてきたことを実感しています。

もし、あなたが本気で「よし！　もう決めた！」と言うならば、この瞬間はもう、これまでの延長線上の「今」ではありません。

それは、「その目的地へと進んでいる今」にすでに変わっているのですから。

もうそこは、どんよりとした現実ではなく、光に向かいつつある現実です。

つまり、「決めて3秒たったけど、現実変わらないんですけど〜」と言う人は、「まだ決めていない」のです。

さぁ、今すぐ「決める」。

あなたが願う現実は、あなたが決めるのを待っています。

✧スピリチュアルでは「連れて行ってもらえない」

多くの方にお読みいただいた僕の本が、スピリチュアルというジャンルに置かれていることは承知の上で、スピリチュアルというものは、「別視点での物事の見方」くらいに思っておくのがちょうどいい。そんな気がしています。

概念くらいは知っておいてもいいけれど、それを深く掘り下げたり、人生の中心に据えたりするようなものではない。**関心事のなかの、多くてせいぜい2割でいい**、というところでしょうか。

え？ 「宇宙さんからの声に従い」と言っていたのに？ といぶかしく思われるかもしれませんが、僕は自分の経験から、スピリチュアルの考え方そのものが、自分を行きたい場所に連れて行ってくれるわけではない、とはっきりわかりました。

知っておくとショートカットできる、効果的に使えるけれど、**もっと大事なのは「それをもとに、現実の世界でいかに行動したか」です。**

なぜか。

この地球上に生きている僕たちの魂が、何を一番欲しがっているのかというと、具体的な行動をするという経験と、その結果の感情——喜びだったり、悲しみだったり、怒りなどの場合も——を得ることだから。

僕たちは、行動と、その結果としての感情をもらうために生まれてきたのです。

たとえば、

「5万円を手に入れたい!」

というとき、あなたならどうしますか? 満月に向かってお財布をフリフリ振っても、財布にお金が増えるわけではありませんよね。結局のところ、お金を生むのは具体的な行動です。

お財布をフリフリしながら臨時収入を願うより、「牛丼屋さんで週2日バイトしよう」と行動に移したほうが早いし確実です。

え？「財布振っちゃダメなのか？」って？

いや、いいんです。お財布をフリフリしてもいい。牛丼屋でバイトして、夜お財布フリフリすればいいんです。スピリチュアルはひとつの技術ですから、具体的な行動とセットで使うと相乗効果が生まれることはよくあります。僕の借金完済のときもそうでした。でも、改めて言うなら、優先順位は「まずはバイトしろ」です。

行動ゼロなのにお財布振っていても仕方ない。今の地球では、奇跡を生み出すのはスピリチュアルではなく、行動だからです。

✧願望はとっととかなえてしまうに限る

この本は、願望実現のノウハウを書いた本です。

なりたい現実があるならば、この本を読めば済む。「いつかこれやりたい」とか「ずっとやりたかったことがある」という人は、この本を読んだそばから、いや、読みながら、行動が始まるでしょう。

あなたの新しい現実が始まる門出となる1冊です。

さて、あなたは「いつかやりたいこと」をいくつ思いつきますか？　大きなことから小さなことまでいくつもある！　でしょうか？　あるいは、あまり浮かびませんか？

望みや願いというのは、「浮かんだそばからかなえていく」のが、宇宙の仕組みからいうと正解です。

今日のお昼はこれを食べたいな、あの新しいお店に行ってみたい。あの映画、気になる。そんな取り組みやすい小さな望みは、すぐにかなえてしまうに限ります。

願望実現とは「行動すること」そのものですが、多くの人は、「いつかは」という枕詞をつけて、さっさとそれをかなえようとしません。

「いつかきっとバリ島に行きたい」と思っているのに、「金婚式のお祝いに」と自分で勝手に決めていて行こうとしない。周囲が「今なら国内旅行より安いよ」「激安プランがメルマガで来てたよ」と教えてあげても、「いや、金婚式の楽しみにとってあるの」と断固として行かない。

そんなの、すぐに行ってしまいましょうって話です。

「ひとめぼれしたダイニングテーブルがあるんです。いつかはピカピカに部屋を綺麗にして、壁を塗り替えて、念願のあのテーブルを置きたい!」そう思っているなら、いますぐ部屋を大そうじしてテーブルを買い、壁を塗り替える手配をする。両親をいつか沖縄に連れて行こうと思っているなら、まだお金に余裕はなかったとしても、がんばって、次の夏に連れていく段取りを始める。

いま、思い浮かぶ「したいこと」「ほしいもの」は、いますぐに手に入れるべきものなのです。

願望が浮かんだということは、「いつかかなえたいな」で済まされていいものではありません。それらは「この人生でこの行動を経験する」と、自分が(おぼえていませんが)「かなえるべきもの」として決めてきたもの。「TO　DOリスト」のように、自分が地球に降り立つまえに用意してきたものと言えます。だから、かなえる手段も同時に用意されていることがほとんどです。

かなうかな、どうかな、ではなくて、浮かんだならば、それはかなえなくてはならないものなのです。

それら「この行動をする」と決めてきた、数々の「願望」は、浮かんだそばからかなえていかないと、その次の「願望」に進めません。

そもそも、欲しいテーブルはずっとその店頭にあるわけではなく、両親だって、ずっといるわけではありません。1年後でなくても、半年先の自分すら、同じ状況かはわからないのです。欲しかったさまざまなもの、やりたかったことがらは、半年もたたないうちに「手に入らなくなっている」ことも多いものです。

人は、心にふと湧くたくさんの「経験したい行動」リストを、「つぶして」はじめて、その次にあるステージの願望にたどり着くことができます。

✧「はやく」かなえることは熱量を生む

僕は、アパレルショップを立ち上げて瞬く間に2000万円の借金を負いました。

でも、「10年で返す！」と決めて、実際は9年で返しました。

「35年でゆっくりすこしずつ返していこう」じゃなくて、「10年で！」と最短で返したかったのは、借金がない、つまり、お金がまるまる余る生活をはやくこの目で見てみたかったからですが、このスピード感があったからこそ、借金返済ができたのだとも思います。

最初から35年と設定していたとしたら返済できなかったかもしれません。

というのも、「はやさ」には、熱量がこもります。

たとえば、誰かに「これをやってください」と頼まれたとして、同じ「やる」でも、納期ギリギリまで時間をかけてゆっくりやるより、言われた締め切りの半分の時間で「はやくやる」ほうがよいものができたりします。頼んだほうも前向きな思いや、熱意を感じて気合いが入ったりしますよね。

スピード感は、熱量を生むのです。

願望をかなえるためにも、「はやく取り組む」「すぐにやる」「いますぐ始める」は、その後の願望実現のための熱量になります。

だから、身近な「やってみたいな」「したいな」こそ、まずはすぐにかなえる。

この「したい」「やりたい」の積み重ねこそ人生ですし、これらを積み重ねていく過程で、地球にやってきた意味、生きる目的がわかってきます。

人生とは、願望をかなえていく過程そのものです。

CONTENTS

現実は3秒あれば変えられる
目次

現実は3秒あれば変えられる●目次

Introduction

●現実だけが「正解」を教えてくれている 4
●スピリチュアルはせいぜい「2割」 7
●「3秒の決断」が未来をつくる 8
●スピリチュアルでは「連れて行ってもらえない」 11
●願望はとっととかなえてしまうに限る 13
●「はやく」かなえることは熱量を生む 17

WISH 1

「プロ」の願望実現法

願望実現の4つのステップ

●シンプルすぎる法則なのに「かなわない人」がいるのはなぜ？　31
●その願望、「かなうのに7年かかる」ならどうする？　32

必要な答えはいつも用意されている

●解像度が高い願望には情報が集まる　35

何よりもまず「結果を決める」

●「なんとなく欲しいもの」じゃなく「本当の願望」を見つけよう　39
●何が自分の「心に響く」かわかっていますか？　40
●「〇〇をしたら幸せになる」と思っていませんか？　42
●漠然とした「お金持ちになりたい」は、だからかなわない　45

願望を実現するために生まれた

●僕たちは体験・経験を求めて地球にやってきた　47

僕たちは行動したくてたまらない

●魂は行動を楽しみたい　51
●「最初の一歩」こそ魂が一番喜ぶ瞬間　52

●世界はどこまでいっても「自力本願」 53
●「何もしないけどかなって欲しい」は実はウソ 54
●この世は「自作自演」の究極の「アクティビティ」 55
私はどんな「感情」を味わいたがっているのか
●「なぜ、そうなりたいのか」ととことん掘り下げる 59
●借金2000万円を抱えた僕がやったこと 62
願望とエゴはどう違うのか
●「あの人と結婚したい」という願いはかなうのか 65
●「それでないとダメ」と思うとき心に渦巻いているもの 66
紙に書くとは、「自分との契約書」
●「紙に書き出す」ことが効果的な理由 69
●願望を書いた紙は、自分との「契約書」に変わる 70
「書けるまで言語化」できているか
●紙に書き出すから「目的地」としてインプットされる 75

「言葉に出す」のは宇宙へのオーダー
●自分の言葉で脳内に既成事実をつくってしまう 79
●ドリームキラーは「ウェルカム」対応で 82
くだらない願望でOK
●自分の好きなことに「賛同」してもらう必要はない 85
あなたがあなたの最大の理解者に
●「好きだから」それでいい 89

MIND 2

心は誤作動する

本来、願いは簡単にかなうもの
●願望が簡単にかなわないとしたら原因はどこ？ 95
●自分の思い込みを解放して可能性を取り戻す 97

心が「誤作動」するからかなわない
●心は「危険」からあなたを守ろうとする 101
●心の誤作動の見つけ方は超簡単 103
「潜在意識」を一旦脇に置く
●顕在意識と潜在意識の間の関所「心」 105
●心の関所は「僕にふさわしい」ものだけを通す 107
「与えられた選択肢」から選ばなくていい
●狭い自分の世界だけで願望を考えない 111
●「失敗したら恥ずかしいから、かないそうなところの願望で」 113
決めても動けない理由
●「願うだけで動けない」なら想像力不足 115
人を「不幸」に縛りつけるもの
●子どもが勝手に「親の人生は不幸だった」と決めている 119
親は幸せだった

●親への「忠誠心」が幸せを阻んでいた　123

「親の庭」から出よう

●「お母さん、あなたより幸せになってもいいですか」　127

心の形状記憶装置に負けない

●ふとした瞬間に「戻ろう」とする心　131
●心の形状記憶装置を「逆手にとって」使う方法　132

「僕がなんとかする」と思わない

●「助けたかったけどダメだった」の呪縛から離れるには　135
●親や家族を「助けよう」とするのをやめる　136

学びに「依存」しない

●「悩みがないといられない居場所」にはご用心　139

家族は「他人」と思え

●近しい人ほど「きちんと他人で」いる　143
●お隣の庭に勝手に入ってはいけません　144

LUCK 3

運の正体

運は「気分」
●運のいい人になりたければ、「気分がいい人」になる 149
●笑顔でいるだけで運気は自然と上がる 150
願望がかない続ける人の共通点
●「無邪気さ」は願望実現の最高の魔法 153
●予定通りにいかないときこそ無邪気に楽しむ 155
●「損だけはしたくない」人ほど損をする理由 158
「好きなことだけやっていよう」の罠
●表面的な「ワクワク」「イメージング」は逆効果 161
「運をあてにしない人」ほど運がいい
●運は家政婦のように「こちらを見ている」 165

●「運が良かった」は行動した人の「照れ隠し」 166
「ありがとう」探しゲーム
●かなっていない「いま」にも「ありがとう」 169
●かなっていないときの心の持ち方は「ひたすら感謝」 170
●幸せを先取りできる人は運を引き寄せる 172
現実逃避は運を落とす
●隠したいことほど「存在感を増していく」 175
●隠し事が間違いなく運気を下げる理由 177
●未来の自分に「ありがとう」と言ってもらえる自分でいよう 178
幸・不幸の「切り取り」禁止
●瞬間を切り取って「幸運」「不運」を判断しない 181
「今日幸せ」が一生続けば最高の人生
●過去への後悔や未来への不安より「今日」を生きる 183

あとがき

●「3秒で現実は変わる」は本当か

●「足るを知れ」とは「感謝してさらに望め」だ！

ブックデザイン　萩原弦一郎（256）
構成　MARU
本文DTP　天龍社
編集協力　くすのき舎
編集　橋口英恵（サンマーク出版）

WISH

1

「プロ」の願望実現法

WISH

願望実現の4つのステップ

「結果を決める」
「紙に書く」
「言葉として口から出す」
「行動する」
シンプルな法則ですべてかなう

✧シンプルすぎる法則なのに「かなわない人」がいるのはなぜ？

僕が、普段からお伝えしている願望実現の4ステップはこれです。

「結果を決める」
「紙に書く」
「言葉として口から出す」
「行動する」

とてもシンプルですが、この4ステップで、願望は何でもかないます。
「小池さんはどのぐらい願望がかなってるんですか」と聞かれたら「180％くらい」と答えます。「こんなオーダー、そういえばしたかもな」ということまでかなっている感じです。

この4ステップは再現性のある方法なので、やれば必ずかないます。僕の本を読んでくださった方から「4ステップやってみたけど、かないませんでした」と言われたことがありましたが、さまざまな方を見て僕が気付いたのは、「願望」というものの認識が、少しずれているということでした。

だから、僕は願望実現の話をするとき、最近では**「あなたの願望は、ほんとうにあなたの願望ですか」**というところから、説明するようにしています。

その願望、「かなうのに7年かかる」ならどうする？

「願望」の本質とは何かというと、「喜びがあふれ出るスイッチ」です。

それがかなうことに対して、どれくらい喜びが湧くか、がポイントです。

もし、「やってみたけどかなわないので、もうあきらめます」と言えるとしたら、それは、その人がそこまで成し遂げたいことではなかったりします。

自分ではない誰かを喜ばせようとして立てた目標や夢は、じつは「願望」ではありません。多くの場合、それは「義務」であったり、「評価」だったりします。当然、喜びを持って取り組むことが非常に難しい。

人生をかけて成し遂げたい願望というものは、まだそれがかなっていない「その道のりの途中」にあっても、幸せで、喜びがあふれ出るものです。

「結果を決めた」時点で、すでにその現実が始まっている――と冒頭でお話ししましたが、願望をかなえることを想像した時点ですでに喜びがあふれているし、消えることはありません。そこに向かっていること、道中そのものが喜びだからです。

それをかなえるための行動も、すべて喜びに根ざしたものになります。いつでもニマニマしてしまいますし、努力もいとわない。その人はそれを努力だなんて、思いもしません。

もちろん、うまくいかないことや、想定外のことがあるかもしれませんが、それすら楽しくてしょうがない。そんな感覚になれることこそが「願望」です。

だから、4ステップで挑んでみたけどかなわないというときは、こう自分に問いかけてみてください。**「それは、何年かかってでも、どんな努力をしてでも、絶対に、どうしても、かなえたいことですか？」**と。

どうやってでも、絶対にかなえたいと思えること、そして考えただけで心に喜びが湧いてくることこそが、本来の願望ですからね。

必要な答えはいつも用意されている

焦点を当て、目指すものの解像度を
究極に上げておくと、
自然と欲しい情報は集まります。
必要な答えはすでに用意されていて、
完璧なタイミングで届けられるよう
日時指定されています。

✧解像度が高い願望には情報が集まる

ヒントもチャンスも、「受け取る」と決めれば、受け取れるものです。

今から10年ほど前、オーリングでパワーストーンブレスの制作をしていた僕は、お客様にこう尋ねられることがありました。

「小池さんは、視える人なんですよね。視えるってどういうふうに視えるんですか？」

僕は、冒頭でお話ししたとおり、スピリチュアル以上に、現実のほうに興味がありますから、「あまり考えたことがなかったな、こういうとき、何て答えるのがいいんだろうなあ」と思いました。

すぐには答えられずにそのお客様は帰られましたが、その後も気になっていた僕は帰宅後、家族が観ていたテレビに美輪明宏さんが映っていることに気づきました。すると、アナウンサーさんが美輪さんにこう質問したんです。

「美輪さんは未来の映像が視えるってどういうふうに視えるんですか？」

あまりのグッドタイミング！　驚きつつ聞いていたら、美輪さんが
「あなた、昨日の夕飯、家族で何食べたか思い浮かべられる？　そういうふうに、昨日のことを思い出す感じで視えるのよ」

とおっしゃったんです。

僕は「おお！　たしかに僕もそうだ！　これこそ答えだ！」と思い、以降は美輪さんの受け売りで答えるようになりました。

未来が視えるとは、要するに、想像力です。未来を想像するってことは、「創造」するってことだし、想像できる未来は、すでにこの世界に存在しています。

未来を視るのは、特別な能力でも、スピリチュアルな能力でもありません。どれだけリアルに、どこまで解像度を上げて、それを想像できるかということ。

しっかりと決めて、フォーカスしたら、ヒントが下りてくるのは、スピリチュアルとかではなく、想像の産物。誰もが持っている未来をつくりだす能力です。これまでの書籍のなかで「質問を宇宙に投げておくと必ず答えが返ってくる」とお伝えしたのも、このことです。

これは心理学でもよく取り上げられる「カラーバス効果」とも言われるもので、ご存じの方も多いでしょう。

人間は、日々ものすごい量の情報に晒されていますから、必然的に、自分に必要な情報を無意識に選別しています。必要のないものは目に入ったり、聞こえたりしないようにうまくバランスを取っていたりするわけです。

「ベンツが欲しい」と思い始めた人は、街中でベンツばかりに目がいきますし、子どもが生まれた人は、子どもや子ども関連の情報にばかり目がいく。必要な情報にフォーカスすれば、必ずその情報は得られるようになっています。

人って、本当に優秀な情報収集の器です。

だからこそ、自分に必要なものを明確にしておくこと。決めること、決めて行動することが大事なんですね。

WISH

何よりもまず「結果を決める」

すべての願望は人生の一部。
かなえたい願望がいくつも組み合わさって
あなたの人生が創られていく。
だから一番大切な「結果」は、
「どんな人生にしたいか」ということです。

✧「なんとなく欲しいもの」じゃなく「本当の願望」を見つけよう

最近、講座やコンサルの中でも、冒頭の「願望がかなう4ステップ」についてお伝えすることが増えてきました。この4ステップのうち、とくに、「結果を決める」については、これだけで何時間も説明することがあります。

最初にぜひ認識していただきたいのは、「この願いをかなえたい」という、ひとつの願望は、あくまで人生の一部でしかないということ。パズルのピースにすぎません。

でも、その小さなピースが集まって人生をつくっている。

だから、その一つひとつだってもちろん大切なものですが、**一番重要なのは「どんな人生にしたいのか」を先に決めること。逆に言えばそれを決めない限り、本当の願望は見つからないということです。**

一体、どんな人生を送れば、人生が終わるその瞬間、走馬灯が頭の中を駆け巡ったとき、「ああ、僕の人生は本当にいい人生だったな」と幸せな気持ちになれるだろうか。

実はこれについて、明確に答えられる人はほとんどいません。

なぜかというと、そこまで考えずに、「なんとなく欲しいもの」を願望として語っているからです。

✧何が自分の「心に響く」かわかっていますか？

車が欲しいとか、年収1000万になりたいとか、そういう一つひとつの願望を語る前に、まずはどのような人生を送りたいのかについて考えてみて欲しいんです。

「人生全体という作品を生み出す」なんて言ったらベタですが、どういうふうに生きたいのかをとことん自問自答することがとても大切です。

どういうふうに生きたいのかっていうのがわからないという人もいますが、そういう場合は、まず、手がかりを探すしかありません。

本を読んだり、夢をかなえた人のドキュメンタリー番組を見たり、映画を見たり、今まで自分の人生の中で出合わなかった情報を集めてくること。

僕は、これまでの著書では、それを、**「人生カタログ」**と伝えてきましたが、わかりやすく言えば、**何が自分の心の琴線に響くのか**を探してみること。

まずは、それを見つけることが、人生の喜びでもありますからね。

この、自分の心に響く、ワクワクする、ドキドキするっていうことが、とっても大切なことなんです。

なぜかというと、僕たちはその感覚を体験するために地球に生まれてきたからです。


自分の心がときめくものに出合うと、自然と、具体的な願望が出てきます。

そして、願望が湧いたときにはもう、動き出している。

そりゃそうですよね。

だって、めちゃくちゃワクワクするんですもん。楽しいんですもん。

ちなみに、僕の「悔いのない人生」とは何かっていうと、まず第一に、妻と娘2人がいつも笑顔でいてくれること。

この地球で一緒に体験できる楽しいことを、できる限り一緒に体験し、娘たちが独立したら、妻と二人でこの地球の美しい場所を見て回りたいってことです。

その上で、好きな車に乗ったり、好きな時計を身につけたり、好きなスニーカーを履いたりする生活ができたら、「ぼかあ、幸せだなあ」と、加山雄三さんばりに思うわけです。

考えただけで楽しくて、ホクホクしてくる。そのためだったら、なんだってします！

そうするとね、おのずと、仕事はどういうスタンスでやろうとか、お金はいくら必要だとか、パーツがだんだん見えてくるんです。それが、人生設計するってことです。

✧「〇〇をしたら幸せになる」と思っていませんか？

自分の人生をどのような人生にしたいのか。

これが決まらない限り、夢を描いてそれを実現しても、幸せになれるとは限りません。

たとえば、自分の人生をどう生きたいのか漠然とした状態で、「年収がアップすれば幸せになれるはずだ！　年収を2倍に！」という願望を持ったとします。

そして、頑張って実現したとします。

でも、実際に年収が2倍になったとしても、そのお金で本当は何がしたかったのかわからない、決めていないならば、増えた分の年収はきっと無駄に使われてしまうことでしょう。

そのことを潜在意識はよく知っていて、そういう場合は、願いはかなわないようにできています。というより、願望は、かなえるための熱量を持続できません。

正しく言えば、突発的にかなうことはあります。「年収を2倍に！」という思いに勢いがあるうちに、めちゃくちゃ努力して、瞬間風速的にそれがかなったりすることはあるでしょう。

でも、かなってから「あれ？　年収2倍になってたけど幸せじゃない」とか「とりあえずなんか、旅行とかに使うか」とか、「とりあえずブランドものでも買うか」と感じて、漠然と散財しやすい。そうすると、あっという間に手元からなくなってしまいますし、継続して稼いでいくことが難しくなります。

お金というのは、使われるときに常に「喜び」がともなっていない限り、「継続」

して手元にやってきてくれはしないのです。

となると、何が大事なのかわかりますか？

そう！「自分にとってのいい人生」を設定するときに一番大切なのは、かなったときに湧く「感情」です。

これ以上ないくらい幸せな気持ちになることを見つけること。

具体的な〝もの〟のこともありますね。たとえば、僕は車や時計、スニーカーのフォルムが大好きすぎて、それらに囲まれた生活をすることに幸せを感じます。だから、車やスニーカーを買いたい。

そこにお金が必要なのであれば、年収を上げていくのは可能です。

なぜなら、車や時計、スニーカーを手にした喜びを味わいたいし、想像しただけでワクワクし続けられるので、そこに向かってあらゆる行動をし続けることができるからです。

✧漠然とした「お金持ちになりたい」は、だから・かなわない

でも、漠然と今が幸せじゃなくて、なんとなく、お金があったら幸せになれるんじゃないか、結婚したら幸せになれるんじゃないか、いい職業につけたら幸せになれるんじゃないか、と思って願望を設定すると、一瞬はかなっても継続しないということになりがちです。

だからこそ、まずは、考えてみること。

「僕の喜びとは何なんだろうか」

「どんな人生だったら、毎日ニマニマできるんだっけ」

「私は私の人生をどのようにしたいのだろうか」

この、「どういう生き方をしたいのか」を自分自身に聞いたときに返ってくる返事が、あなたが今世、この地球に生まれてきた目的です。

願望を実現するために生まれた

宇宙から地球にやってきた理由は、
自分の力で
願いをかなえる体験をするため。
地球でさまざまな行動をして、
あらゆる感情を体験して宇宙に帰る設定。
だから願望ってのは
かなうためにあるんです。

✧僕たちは体験・経験を求めて地球にやってきた

すべての願望はかなうために存在しているとお伝えしました。

もう少し言うなら、かなえる、ではなく、行動することであたりまえにかなうものです。

ではなぜ、かなう人とかなわない人がいるのかというと、ズバリ、かなわない人って、「かなうと思っていない」んです。

「かなうと思っていないこと」ですから、結果の決め方も曖昧だし、紙には書いていない。人にも宣言していませんし、そうすると「行動しています！」といっても、それが、願いをかなえるための行動になっているのかというのもあやしい。

僕たち人間の魂は、そもそも、この地球でいろいろな体験をしたくて、肉体を持って生まれてきた存在です。

なぜかというと、地球っていう世界は、宇宙の中でも稀有な場所。

この地球はめちゃくちゃに波動が低い世界なんです。

宇宙は、もっとずっと波動が高いエネルギーに満たされていて、我々の魂は本来そこに存在しています。当然、肉体もなければ、行動もない、重力もなくって、閃いたことはその場でかなってしまうくらいの波動の高さです。

たとえばですが、宇宙の波動の高さの中で「カレーライス食べたいな」って思ったら、目の前にあるし、「ハワイ行きたいな」って思ったら、もうハワイにいる。そんなレベルで願ったことはかなってしまう。

ただ、それだと、宇宙的にこれ以上の成長、波動の上昇が見込めないし、僕たち魂はちょっと退屈してしまっています。

願った瞬間に、かなってしまうなんて、そんなのつまんないじゃないか。

「頑張ってみる」というのをやってみたい。
「動いて何かを手に入れる」という体験をしたくなった。

だから、この地球にやってきたんです。

そう、たとえば、巨大迷路とか、脱出ゲームとかだって、「わざわざ、迷路に入っていって、脱出する喜びを味わう」とか「わざわざ、ピンチに陥って、窮地から脱出する」ためのアトラクションですよね。あれと同じです。

海外旅行に行くときに立てる計画のように、ウキウキ、ワクワクしながら、「こんなこと体験したい」って、計画して地球に生まれてきた。それが私たちです。

もちろん、計画したことを覚えていたら楽しくない。だから、わざわざ、一旦忘れて、地球での人生をスタートさせるんですよね。

僕たちは行動したくてたまらない

「今日100万円がぽんと手に入る」
そんな望みがほとんどかなわないのは、
「それじゃつまらない」と魂が思うから。
人間にとっては、行動こそが喜び。
ほんとうのところは、
あくまでも「自力で」
あなたは願いをかなえたいのです。

✧魂は行動を楽しみたい

地球は行動の星です。

宇宙には「行動」という概念がないから、願ったそばから、あっという間になんでもかなってしまう、ある意味「つまらない」世界。地球に生まれたからには、「行動がしたい」ということなんです。

だから、願望が浮かんだら、まず、行動してみる。

行動すると、自分の中の本当の本当の本当の私、つまり自分の心の奥深く、魂や潜在意識とつながる部分が、ものすごく喜びます。「行動してくれてありがとう」と、自分を信頼してくれるようになる。それがまた、行動する原動力になります。

魂はとにかく、行動によって何かを得たときの感情を味わいたい。

お金が欲しいとなったときに、ただ財布をフリフリして「お金入ってこないかな」と待っているだけでは、自分の中の本当の本当の本当の私はガッカリすることでしょょう。「なんのために地球に来たと思ってんだー」と怒り出すかもしれません。

大事なのは、行動です。ですから、何か夢をかなえる術を学んだとして、まずは、結果が出るまでそれをしっかりやってみる。行動してみること。

「このメソッド効かないな」と思ったら、次に移ってもいいですが、「何もせずに待つだけ」「ちょっとやってやめる」では、効くはずの方法も効かないでしょう。


たとえば、「どうしてもシックスパックに腹筋を割りたい」というとき。筋トレとタンパク質の摂取が必要と本に書いてあったとして、「1日やってみたけどシックスパックにならない」のは当然ですよね。これが、2週間やってみて、お腹周りがちょっとでもスッキリしてきたら……人ってやる気が出てくる。

だから、結果を出すまでやってみるって必要なんです。

✧「最初の一歩」こそ魂が一番喜ぶ瞬間

願望を実現したいのにできていない人の多くが、立ち止まった状態で悶々としています。「あー、宇宙が背中を押してくれれば一歩が踏み出せるのに」と。
でも、宇宙って、立ち止まっている人に一歩を踏み出させる力はありません。追い風は吹かせてくれます。ただし、自らの意思で行動し始めた人にだけ。

その理由は、何度もお伝えした「僕たち魂が地球にやってきた本当の理由」。

とにかく「行動したい」のです。

まず自分で考えて、自分で決めて、自分で責任を取る。それがとにかくやりたかった。だから、最初の一歩は、自ら踏み出さない限り何も動き出しません。

その一歩こそ、魂にとって、この上ない喜びの瞬間なのです。

✧世界はどこまでいっても「自力本願」

願望実現について講演すると、時折、切羽詰まった方からこう言われます。

「明日中に60万円どうにかしないと、やばいんです。明日60万手に入れるための口ぐせ教えてください。なんなら小池さんお金貸してください！」

いやいや、落ち着いてください。「今すぐにでも100万円欲しい」とか、「今すぐにでも結婚したい」と思うのはいいのですけど、行動しない限りは無理ですよ。魂は、この地球で行動して、自分の力で成し遂げたいと思っているんですから。

え？　「いや、それでも今すぐ60万必要」ですって？

だとしたら、まずは、1万円作る方法を考えるところから始めましょう。なんでもいいです。路上でサンタの格好をして、撮影1回1000円を10回でもいい。

それを60回繰り返したら、60万円です。やるべきは、僕に懇願することではなくて、すぐ動いてみること。1万円を稼いで、それを繰り返すことです。

✧「何もしないけどかなって欲しい」は実はウソ

たとえば、彼氏が欲しいという女性がいます。「いつまでに欲しいんですか」と聞くと「今日は無理なら明日にでも！」とのこと。

それならば、と、「わかりました。彼氏ですね。じゃあ、今日このあと、あなたが気になっている人に告白してきてください」と言うと、「いやいや、それはちょっと……」と言うんです。それって、そんなに彼氏欲しくないってことじゃないですか？

彼氏が欲しいけど、候補になりそうな気になる男性に告白はしない。でも、彼氏が欲しい。明日までに。というわけで、コイケさん！　引き寄せよろしく……。

「えぇ！？」ですよね。でも、かなったら、それはそれでだいぶコワイです。朝起きたら知らない男の人が寝ていて、「どうも彼氏です」って言われたらどうでしょう。「わ！　私にも彼氏できた――！」とはならないでしょ。「とりあえず、あなた誰？」です。

そう、願望実現には行動とプロセスが絶対に必要なんです。

✧この世は「自作自演」の究極の「アクティビティ」

だから、この地球は、「行動の星」なのです。

行動を楽しみたい魂のために生まれたアミューズメントパーク、それが地球。宝を自分で隠して、一旦宝の場所を忘れて、自分で探す、そんな「わざわざ行動するゲーム」を僕たちは全員、生まれてから死ぬまでずっと、やっているというわけです。

だから、あなたは覚えていませんが、生まれる場所や、性別、姿かたち、生まれてくる家庭も、魂だった時代に自分が選んだものです。

この地球で、どんな体験をしたいのか、ウキウキしながら考えた魂が、それを選んだんです。

そして、誰もが願望実現を望んでいます。それらの願いは何だってかないます。

ただし、肉体を持つってことは、自分の体を使って、行動してからじゃないと、何もかなわないってことでもあるわけです。

ちょっとじゃだめ。しこたま行動する。

これでもかっていうくらい、行動する。

それを、僕たちはわざわざ体験しにきているんだから。

そして、願望実現に向けた最初の行動が、「結果を決める」ってことなんです。

だって、どこに行くのかわからないのに、適当に歩いていたら、全然違う場所にたどり着いてしまいますよね？　カーナビに目的地を入れるように、たどり着きたい場所は明確である必要があるんです。

WISH

私はどんな「感情」を味わいたがっているのか

お金が欲しい、結婚したい。
起業したい、転職したい。
それがかなったとき、
どんな感情が湧くのか。
それによってどんな人生が送れるのか。
かなった先にある幸せな感覚を、
先取りすること。

✧「なぜ、そうなりたいのか」をとことん掘り下げる

「アイドルになりたい！」

「年収2000万円になりたい！」

「素敵な人と結婚したい！」

「起業したい！」

など、願望は人の数だけあるわけですが、**大事なのは、「なんで？」という自問自答です。**なぜ、アイドルになりたいのか。なぜお金が欲しいのか。それについて、真剣に考えて考えて考え抜いてないと、まず、かなえるための熱量が湧きません。行動するのがつらくなります。人は、自分にとって本当に必要なもの以外を頑張ることって、とても難しいのです。

次に、僕、コイケのように、大借金をするとか、それと似たような大惨事が起きることもあります。

えええ？　何それ？　って思いますよね。わかります。わかりますよ。説明します。

たとえば、「年収が2000万円になって毎年家族でハワイに行く!」という願望を掲げた人がいるとします。

そのときに、なんでハワイに行く必要があるのか、ということまで明確になっていなくてはいけない。なぜか。

だって、ハワイに行けたとしても、子どもたちはずっとスマホをやっていてホテルにいて、妻は自分とは一緒に出かけてくれず、会話もなくて、結局一人でずっとビーチをぶらぶら歩いただけ。「結局、あんまり面白くなかったな」となってしまうんだとしたら、「年収が2000万円になって毎年家族でハワイに行く!」がかなってもうれしいですか? って話です。

つまり、ハワイに行くっていうことと、自分の人生にどれだけ喜びが生まれるのかっていうことは、連動していないといけません。

もっと言うと、ハワイに連れて行けば、家族が喜んでくれて、感謝してくれて「パパすごーい」って言ってくれるとか、妻が惚れ直してくれると思ったら、それも幻想です。

ハワイに行って、楽しい時間を過ごすためには、その前段階から、準備が必要です。普段から夫婦仲良くするとか、子どもとの会話があるとか。

ハワイ旅行に行ったとき、家族が幸せに過ごしている姿を明確に思い描いて、まるごと願望として扱う必要があるわけです。

でも、多くの人はなぜか、「家族をハワイに連れていけるようになったら、きっと、自分や家族が幸せになる」って思ってしまう。

でも本当は、ハワイに行って家族が仲良くなるわけじゃないですよね。「仲がいい幸せな家族でいる」から、ハワイでも幸せなバカンスを過ごせるのです。

「ハワイに家族と行きたい」とか、「年収2000万」というのは、本当の願望をかなえるための手段です。

だからこそ、**「なぜ、それを達成したいのか」**を、考えることが大切なんですね。

まず、自分が心の底から幸せであるという状態はどういうものなのか。

そして、「自分たち」が幸せであるという状態はどういうものなのか。

「本当に自分が人生の中で得たいもの」について考えてみてくださいね。

✧借金2000万円を抱えた僕がやったこと

僕が2000万円の借金にまみれていたのは、36歳のころ。

それまでも紆余曲折ありましたが、東京で数年コツコツお金を貯め、地元の仙台に戻り、アパレルセレクトショップをオープンしました。

「セレクトショップの経営なんて、超かっこいい」という動機がよくなかった。自分の人生の喜びとしての願望ではなかったから、ショップは出せてもそれからが続きません。

あっという間に事業は傾いて、藁をもつかむ思いでお願いしたコンサルタントにすっかり騙され、2000万円を超える大借金が生まれてしまったんです。

月の返済はなんと45万円。会社員に戻ったところで、それプラス生活費なんて支払えませんから、業績をアップするしかない。とにかく必死に、経営してきました。

そして、ふとある日、気づいたんです。「あれ？　もしかして、この借金を全部返したら、毎月45万円余るってことじゃない?」

突如、エネルギーが漲《みなぎ》ってきました。

「毎月45万円余る世界が見たい!」と心の底から思いました。

だって、毎月45万円余ったら、家族と旅行に行ったり、おいしいものを食べたり、大好きな車に乗ったり、いくらでもスニーカーを買える夢のような世界が現実になる。

思い描いただけで心が満たされる願望の数々。「幸せだなあ」って、家族と一緒に笑顔でいる自分やスニーカーに頬擦りしている姿がリアルに思い浮かんだんです。

だから僕は「10年で借金を返す」と結果を決め、紙に書いて、堂々宣言して、そして行動したんです。そしたらね、9年で願った人生がやってきました。

そう、そこからも、願うことは全部、「結果を決める」「紙に書く」「言葉にする」「行動する」の4ステップで、かなっていきました。

そういうと、「え、それって、願望実現の秘訣とかじゃなくて、ただただ、毎日コツコツまじめに頑張っただけですよね」って言われるんですが、僕は胸を張ってこう答えます。「そうですよ!」って。

願望とエゴはどう違うのか

「この人じゃないとダメ」

「この大学じゃないとダメ」

「この職場じゃないとダメ」

というのは願望ではなくエゴです。

実現方法を限定してしまうのは
もったいない。

✧「あの人と結婚したい」という願いはかなうのか

「じゃあ、結果を決めたら、あの人と結婚できるんですか」「子どもがいい大学に行ってくれるんですか」「夫が変わってくれるんですか」っていうと、答えはNOです。「他人は変えられません」——そう、これまで書いた本でもお伝えしてきました。

他人をどうにかしたいっていうのは、全部、エゴなんです。自分自身の願望ではないのです。

もちろん「あの人と結婚したい」と思うのはいいんですよ。でも、「あの人と結婚できないと嫌だ、ダメだ」というのはただのエゴ。

あの人と結婚したいなら、「その人に見合う人になろう」というのが願望です。その人をどうにかしようとするのではなく、その人に見合う自分になる努力をする。その結果、「あの人は私を好きにならなかった」というのは受け入れるしかありません。

だって、それはただのわがままだから。

相手が嫌だって言っているのに、「あなたは私といるべきだ」っていうのは、その

人のことを愛してはいないんです。本当に愛していたら、「その人に幸せになってほしい」という思いが湧き出るものだから。

そうでなくて「私があなたといたいんだから、あなたも私といることを幸せだと思ってよ」っていうのは、ある意味、願望とは違う、執着だったりするんです。

これを多くの人は願望がかなわなかったと受け取るのですが、何も無駄にはなりません。「あの人に見合う人になる」って結果を決めて、行動した結果、もっと、素敵な人に出会えて「あ、あの人じゃなくていいや」ってなること、結構あるんです。

✧「それでないとダメ」と思うとき心に渦巻いているもの

エゴで願いをかなえたいと思っているときは、「誰もが憧れるあの人に好かれるなら、自分に価値があると思える」とか、「子どもがこの大学に入れば自分の子育てが成功と思える」とか、他者からの評価を得たいと思っていることが多くあります。

他人からの評価によって何かを得たいと言う願望は、何から始まっているかというと「自分には価値がない」というところから始まっているんですね。

こういう場合は、本来の自分の願望を考える前に、自己価値感の不足している部分を先に補う必要があります。

医者と結婚すれば自分に価値があるとか、子どもが医者になってくれれば……と思うのであれば、「じゃあ、自分で医者になることを目指したら?」って話です。

時折「自分にできなかったことを、子どもに託す」なんて人がいますが、子どもっていうのはこの地球上では自分から生まれたかもしれませんが、別の魂ですから、誰かの魂を使って自分の願いを実現させようとするのは、本来、この地球上でやりたかったことではないんですね。

あくまで、新時代の願望実現というのは、自己完結が基本。

あなたが、この地球で何を体験したかったのか。

自分は、本当はどうなりたいのか。

そこが起点になっていてこそ初めて、願望と言えるんです。

だから、今、「どれだけ願っても、結果を決めてもかなわない」と思うのであれば、それが本当に自分自身の願望なのかということを振り返ってみる必要があります。

紙に書くとは、「自分との契約書」

こういう人生にしたいと思えたら、
それを紙に書くこと。
たどり着くための一つひとつの願望も、
紙に書いて、言葉にする。
それは、自分自身と約束を交わすこと。

✧「紙に書き出す」ことが効果的な理由

どんな人生にしたいのか。

理想の人生にするために、かなえたい無数の願望はなんでしょうか。

それらが明確になってきたら、紙に書き出します。

「目標を紙に書く」は、願望実現の最初の「行動」です。

この行動には非常に重要な意味があります。

一つは、日本語は表意文字であって、文字そのものに意味があって、力が宿っているということです。

もう一つは、自分の手で、紙に書き出すと、前頭前野が活発になります。

人間の前頭前野は、最高司令官ですから、活動を活性化させることによって、願望実現のための行動やひらめきが生まれやすくなります。

脳科学的な話だと、スマホやパソコンで入力しても、前頭前野は動かないそうです。

手書きで文字を書くことが、脳にインプットするのに最適な手法だということですね。

確かに、漢字や英単語を覚えるときには、手書きが一番ですもんね。

✧願望を書いた紙は、自分との「契約書」に変わる

もう一つ、紙に書く意味は、「僕は、僕の人生で必ずこの願望を実現します」と、契約を結ぶことでもあります。

誰とって？　自分とです！

「紙に書く」ことは、願望実現契約書にサインすること。

「僕が、僕を絶対にこの場所に連れて行く。そのために何でもするからね」という、自分との約束です。これを「守る」と決めて、守り切ることってすごく大切です。

この「約束を守り切る」ために大切になってくるのが、やっぱり、「自分の人生をどんな人生にしたいか」という一番根幹になる部分。ここがブレずに「絶対にそうしたい」と思えるものであれば、契約書を交わすことは怖いことではありません。

たとえば、この契約がどう作用するのかというと、僕の場合は、僕が決めた「家族

と幸せな日々を送り、できる限りの体験を共有する」という人生の目的をかなえるために、ある決め事をするに至りました。

それは、長女が小学校に入学する2年くらい前のこと。

「よし！　家族との時間を作るために、土日を休みにする！　しました！」と決断し、宇宙にオーダーしたのです。もちろん、紙に書きましたし、言葉にしました。どうすれば売上を落とさずに土日を休みにできるか試行錯誤していました。

でも、やっぱりちょっとした不安は湧いてきます。

そう、変化を嫌う心の声が聞こえてくるわけです。

「やっぱり、お店やってて土日休むって、致命的じゃない？」

ただ、僕は絶対に直前になって「やっぱり土日祝日閉めたら成り立たないから、お店開けるしかないよね」と撤回することだけはしないと決めていました。

だって、決断して、結果を決めて、紙に書いたんです。自分との約束だから。

これを早々に撤回するのは、宇宙へのオーダーをキャンセル、契約違反。

そうするとね、何が起きるかというと、自分が一番がっかりするんです。

自分で自分をがっかりさせること、自分への信頼を失うこと。実は、これ、人生で一番やっちゃダメなことです。

だから、なんとしても契約を守るために、パン屋や工場で深夜のバイトをしたとしても、絶対に破らないと決めました。

宇宙は、その覚悟をしっかりと見ています。いや、それ以上に、自分が自分のことを見ています。「本当に本気？　絶対にそれやるの？」って。

その覚悟が本物だと宇宙に伝わったなら、そこに奇跡が起こります。

「絶対に撤回しないぞ！」と決め、長女が小学校に入学した4月に、土日を休みにしました。そうしたら思わぬ方向から奇跡が起こりました。

忘れもしない、4月のとある日、サンマーク出版の橋口さんから、「出版が決まりましたよー」というお電話をいただいたのです。

制作は滞りなく進み、本はその年の9月に出版。たちまち重版し、その後、17万部を超えるベストセラーになりました。

全国でトークイベントを開催したり、講座を展開できるようになりました。

もちろん、土日での開催もありますが、毎週ではありませんから、そこは、妻と相談しながら、いなかった土日はその分、別の土日に家族との時間が取れるように、旅行の予定を立てたりしています。


そう、僕が「こういう人生を歩みたい」と決めた人生は、家族が笑顔で過ごせることであり、さまざまな体験をすることです。

そのために必要なお金を得て、仕事をする中で、関わる人たちが笑顔になっていく。

理想の人生を歩めているいまが、本当にありがたいと感じています。

「書けるまで言語化」できているか

頭の中で漠然と考えているうちは
願望はまだあやふやです。
紙に書き記せるくらい、
明確に言語化された願望だけが、
「目的地」としてきちんと設定されます。

✧紙に書き出すから「目的地」としてインプットされる

なぜ、紙に書き出すことが大事なのか、ということについてもう少しお話ししたいと思います。

なぜか。**本当にね、「紙に」書いたほうがいいんです。**

「言語化できているかどうか」が、願望実現の鍵だからです。

インプットすることは誰にでもできます。

本を読んで、願望実現の仕組みについて知ったとして、じゃあ、それを、誰かに伝えられるくらい明確に理解できているかっていうと、意外とそうでもなかったりします。

言語化できないってことは、腑に落ちていないとも言えるわけです。

自分の願望を、言葉として表現できないうちは、なんとなくしか思っていないということが多いんです。

自分の願望がはっきり定まった状態なら、言葉できちんと書き記せます。

どれだけ自分の人生に必要不可欠なのか。

必要不可欠なものは、入ってくるようになっています。
だから、自分の中でどれくらい必要なのかを、紙に書いて確認するのです。

たとえば、「フェラーリ買いました」と書き記したとします。自分で書いたのを読んでみて、「まあでも、フェラーリなんて乗ってる人、そんないないし、頑張ったって、かないはしないよな」なんていう思いが浮かんでくるなら、それは、本当にかなえたい願望ではないということです。

自分の中の本当の本当の本当の私は、その様子を見て、「なんだ、別に本気じゃないんだ。じゃあかなわなくっていいよね」となります。

これが、本当にフェラーリに乗りたい人ならどうでしょう。ノートに書き記すときっと、ものすごく強い筆圧で、鼻息も荒く、でもニマニマしていて、テンションあげあげですよね。

「フェラーリ！　乗りました！　もう、最高！　あはは」となっていたら、本気度もわかりますし、自分の中の本当の本当の私も、「そんなにかなえたいんだな！」

と本気になります。

自分の願望を書いてみると、わかります。その願望が、本当に心からの自分の望みなのかが。

本当の望みであるならば、書いているそばから喜びが込み上げてくるのです。

「言葉に出す」のは宇宙へのオーダー

人は、自分が発する言葉に
誰よりも洗脳されている。
本気で願望を実現させたいなら、
「かなえる」と決めて、常に言葉にして、
「できる」と
自分を洗脳させてしまうのが近道です。

✧自分の言葉で脳内に既成事実をつくってしまう

言葉が現実を作るっていうのは、本当にそのとおり。人は、自分の言葉に一番洗脳されます。

「嘘も100回言うと本当になる」なんていうけれど、それは、嘘も100回言うと、まずは本人がその気になって、それが真実と思い込むようになるんです。

だから、とにかく口にすることです。

「言葉にして口から出す」と言うのは、自分以外の人に「伝える」ということです。単にアファメーションのように〝唱える〟ことにとどまらず、実は人に話すことのほうが超重要。

そして、これが、ハードルが高くてなかなかできないっていう人が結構いるんです。「結果を決めて、紙に書いただけじゃダメなんですか。それを読むだけじゃダメなんですか」って人もいますが、逆に言うと、「なんで、心から望んでいることなのに、言葉に出せないの?」ってことなんです。

多くの場合は、「大それたことを言うのが恥ずかしい」とか「かなわなかったらどうしよう」という思いが湧くというもの。

でも、かなえるために動いているなら、大それたことでもないし、人に言って、その後に「ねえ、かなった？」って聞かれたとしても、「まだかなってないけど、今かなえるために頑張っているんだ」って言えば、大抵の人は「そっか、頑張ってね」と言うだけの話ですよね。

それでも「人に言うのはちょっと」って思うとしたら、そこには、「やろうと思ってるけど、結局やってない自分がいるんだよな」とか、「かなえたいって言いつつ、やらないいんだろうな。だったら人に言うのカッコ悪いな」という自分がいるということです。

そして、それを、誰よりも自分がよく知っているから、人には言いたくないってことだったりするんです。

だから、願望を人に言いたくないなっというときは、「私、これ、宣言してもきっとやんないな〜」と思っているのではないかと、考えてみてほしいんですよね。

「かなわないかもしれない」

という言葉の着地点は、「かなわない」ですから、かなわない方向に向かってまっしぐらに進んでいきますから、要注意です。

反対に、本気で「かなえる」って決めた夢に対しては、人は決めた時点で、「かなえるにはどうしたらいいか」を考えて行動します。「かなわなかったらどうしよう」なんて考えないのです。

そして、そういうふうに全力を尽くした人って、かなわなかったとしても、必ず得ているものがあるから、かなわないことに対して悲観しません。

さらに、かなわなかったときの言い訳なんか、準備しないこと。

なぜかというと、人は、用意したものは使いたくなるからです。滑り止めだったりとか、ダメだった時の行き先とかを考えていると、なぜか、そっちに舵を切ってしまいます。本当にかなえたいことに向けて一直線でいきましょう。

✧ドリームキラーは「ウェルカム」対応で

もちろん、人に言いまくっていると、こんな声が返ってきます。

「本気で言ってるの？　かなうわけないじゃん」

「そんなに簡単にいくわけないと思うよ」

そんな声に多くの人は負けそうになると言いますが、**どのみち、願望がかなう前にはドリームキラーってやつが出てきます。****いわゆる、「本気度お試し隊」です。**

願望実現とこのドリームキラーはある意味、切り離せないものです。

なぜかというと、この世の中は、何があっても行動するのをやめない人に、最後に奇跡が起きるようにできているからです。

それまでの間は、どのみち、「本当にできるの？」「ダメなんじゃないの？」って声に晒され続けるんですから、むしろ、ドリームキラーに怯えたり、傷ついたりするより、自ら用意するくらいの気持ちでいたほうが、前向きになれますよって話です。

「私、２年後にハワイで暮らしてるんだ」って言ったときに、「えー、無理じゃない？」と言われたら大チャンス！

「いや、やる！　絶対やる！　絶対やるの私！」と胸を張って言う。

そして、「難しいと思うよ」なんて再度言われたなら、「絶対やるから見てて！」と言う。そう、その声は自分自身の、本当の本当の本当の自分に届くから、だんだん、自分ができる気になってきます。

「あ、絶対やるんだ私。本気なんだ」

「なんかやれそう」

「やれるんじゃない？」

「そうだよね、やれるよね」

って、ちょっとずつノってくる。やっているうちに、自分からの信頼も勝ち取って、どんどん進むスピードも出てきます。

くだらない願望でOK

自分の願望を
誰かにわかってもらう必要はありません。
だって、人がやりたいことは、
他の人から見たら
割とくだらないものだから。
賛同を得られなくても、
「これがやりたい」と
進む勇気を今こそ持って。

✧自分の好きなことに「賛同」してもらう必要はない

人ってね、「説明して同意を得られないと動き出せない」と思い込まされているところがあります。そしてこれが、行動できない理由の一つでもありますね。

何でそれ選んだの？

何でそれをやりたいの？

何でそれを買うの？

その、いろんな人からの「何で？」に答えなくてはならない、聞いてきたその人を必ず納得させなくちゃいけないって、洗脳されて生きてきたのだと思います。

それこそ、何で、答えなきゃいけないんでしょうね。

だって、人が好きなこととか、やりたいことなんて、誰かから見たらくだらないってこと、まああありますよね。

というか、ほとんどそうかもかもしれませんね。そんなの「いちいち、説明する必要あります？」って思いません？

僕は、自他共に認めるスニーカー好きですが、「小池さんは、なんでスニーカーが好きなんですか?」って聞かれたら、「え？　スニーカー嫌いな人なんていないでしょ」って答えます。

もし「いや、好きじゃない人だっていますよ」って言われても、「えー、いやいやいません、いませんよね。少なくとも、僕の世界にはいませんし、いてもまあ、どっちでもいいですよ」って感じ。

いたとしても、それが僕の世界とはあまり関係がないというか、そもそも、本当に魂が震えるような好きなことって、説明できないんです。

ただ、ひたすら、「スニーカーがこの世にあって良かった――」って感じ。

そんなの、誰かに説明する必要がそもそもないし、納得させる必要なんかまったくないんだ、というところにたどり着かないと、本当に好きなことなんかできなかったりするんですよね。

人に何かをわかってもらいたい、自分の願望を応援してもらいたい、そういうふう

に思うときは、何かしら「満たされない心」を抱えているときかもしれません。

なぜかっていうと、心から満たされている人は、そういう発想をしないから。

わからせたいってことは、「わかってもらえない」という前提から始まっていますよね。

誰かを説得しないとかなえられないことなんて、本来、あなたの世界には存在しません。

たとえば、僕が、本屋さんに行って、本を手にとってレジに持って行ったとして、レジの店員さんが「なんでこの本を買うんですか？　何のために買うんですか？　何が知りたいんですか？　僕を説得しない限り、レジは通せません」なんて言われたらドン引きしますよね。

その相手が、パートナーや親、子どもなど、自分の身近な相手だったとしても、あなたがなぜそれをしたいのか、あなたがなぜそれが好きなのか、そんな説明をする必要なんて本来ないんです。

WISH

あなたがあなたの最大の理解者に

自分だけはいつだって、
自分の「したい」「ほしい」の理由を
深掘りしてあげる
あなたの一番の理解者は
あなた自身です。

✧「好きだから」それでいい

願望を掲げるときは、その願望達成の最終的な目的について、かなえたい本当の理由、それこそ、「何でそうしたいのか」というところについて、あなただけがしっかりと把握していればいいんです。

逆に、あなただけは、あなたに、自分の願望が何なのか、ちゃーんと説明できるようにしてくださいね。

そして、ただ、好きなこと、やりたいことを、信じてあげてください。

「それが好きなんだよね。わかるよ。大事だよね」

「だってそれがあると、ずっと笑顔でいられるもんね」

あなたがあなたの、いちばんの理解者で、味方でいればそれだけでいいんですよ。

そして、勇気を持って一歩踏み出せばいいだけです。

そうそう、かなわない願望の代表格として、「承認されたいから、考え出した願望」っていうのがあります。

たとえば、「あの人からすごいって思われたい」「社内の誰よりも売上を上げて表彰されたい」とかそういう願望です。

「会社辞めて起業します！」

って言ったときに、周囲から

「社長かぁ、すごいね！」

「カッコイイネ！」

と言われることが目的になっていると、「ああ、なんか満足した」と、すでに、ある意味、称賛されることはその時点でかなってしまって、その先の行動が続かないっていうこともよくあります。

僕も実は、お金を貯めて仙台でアパレルのセレクトショップを始めたときは、「アパレルで起業ってなんかかっこいい」とか、「理系の兄弟たちよりすごいって思われるかも」とか、そういう思いを持っていました。

今考えると本当に服屋がやりたかったのかっていうと、ちょっと危うい。

そうすると、どうなるかっていうのはもう、私の過去を知っている方はよくご存知だと思いますが、悪徳コンサルに騙されて、闇金込みの2000万円の借金を抱えて、鼻水号泣することにだってなるわけなんですよ。とほほ。

でも、それだって結局ね、行動し続けていれば、成功の道程と言えます。

自分が本当にやりたいことを、しっかり把握してあげてください。

MIND

2

心は誤作動する

MIND

本来、願いは簡単にかなうもの

願望をかなえるのは難しい。

そう思い込んだのはいつですか？

「無理かも」「できない」。

そんな思い込みのほとんどは
「誤解」だったりします。

✧願望が簡単にかなわないとしたら原因はどこ？

前章で、願望実現の４ステップについてお話ししました。結果を決めて、紙に書き、口に出して宣言して、とことん行動する。大きなものから、ささやかなものまで、どんなものもこれで望みはかないます。

僕がこれまでも、この願望実現法をお伝えしてきて感じたのは「どんなこともそんなに簡単にはかなわない」という思い込みがある人が意外に多いということです。

「願っても無理」そんな言葉を「覚えた」のはおそらく幼少期でしょう。

「夢みたいなこと言ってないで」「お金持ちになるには血の滲むような努力が必要」などと親が言っていたりすると、子どもは、自分の価値観をつくり上げる過程で、何でも取り入れてしまいます。それは自分目線の勘違いってこともとても多いのに。

たとえば幼少期に、「これやってもいい？」って聞いたとき、お母さんがしかめっつらをしていたとします。

それだけで、「あ、やりたいことをやるのはダメなんだ」とか、「何でもやっていいわけじゃないんだ」と思ってしまった。

お母さんはたまたま、鼻がむずむずしていただけかもしれません。でも、そのくらいの柔軟さで、何事も我が事として吸収してしまうのが子どもです。

親と自分との境界線がまだ上手に引けてませんから、この地球上で起きていることすべてを、自分の発言や行動のせいだと思ってしまうのです。

直球で、親に「あなたにできるわけないでしょ、そんなの」と言われたりしたらもう「あ、そうか、僕にはできない」に直結します。

もちろん、本当は、どんなことだってやってみないとわからない。

そして、調べてみたらきっと、できた人はいる。

さらに、できている人がいるんだったら、あなたもやってみたらできるかもしれない。本来は、そうやって考えるほうが建設的ですよね。

自分はやってみてもいないのに、あたりまえのように浮かんでくる、「あ、そうい

うのはやっても無駄だから」とか「そんな簡単になれないよ」というのは、結構、いや、まったく事実ではないですからね。

それ、「そもそも、誰がそう言ったの？」と自分に確認してみてくださいね。

✧自分の思い込みを解放して可能性を取り戻す

ではどうやったら、天真爛漫で行動大好きな自分を思い出せるのか、というと、ひとつは、「これはやっちゃダメだ」「いやー、それは無理だろ」と思うことに対して、大人の思考で、自分に尋ねてみることです。

「それって、本当に本当に本当に本当？」

と自分に聞いてみます。

たとえば、練習で、何かやってみましょう。

僕が、「スニーカー10000足コレクションするなんて、無理でしょ」と思ったとします。自分に「それって、本当に本当に本当に本当？」って問いかけてみると、

「1万足かあ、1足の箱のサイズが32cm×20cm×12cmだとすると、1万足なら倉庫の

広さは……」あ！　全然不可能だって思ってないですね、僕（笑）。

でも、自分の思い込みを手放すってこういうことなんです。

実際に無理かどうかを疑ってみる。かなえたことがある人がいるんだったらまず、「無理」っていうことはないですよね。

じゃあ、自分はどうやったらそれができるのかを考える。いくら必要なのかを考える。どれくらい時間がかかるのかを考える。そうやってみると、意外と、できないこと「無理」っていうことって少ないはずです。

「え、でも小池さんが、いまから医者になるっていうのは無理じゃないですか」と言われたら、僕なら「いや、なろうと思ったらなれるんじゃないですか」と答えます。

だって、本当にどうしても医者になりたくて、考えただけでワクワクして、勉強することも全然苦じゃなくて、時間がかかってもいいんだったら、可能性はゼロではありません。

だから、「本当はあれやってみたかったんだけど、無理だろうからやめた」みたいなことは、「自分には無理」というただの思い込みの結果かもしれません。

「いつそう思ったんだっけ？」

「誰だ？　最初にそんなこと言ったのは？」

そんなふうに、自分に質問していくと、「あ、やろうと思えば無理ってことはないんだ」ってわかってくると思います。

そのとき、実際に「ならやりたい！」と思えるなら大チャンスですね。

心が「誤作動」するからかなわない

願望がかなわないのは、
心が誤作動しているから。
まずは「誤作動している」と
気づくことから。
本当の願望を知っているのは、
大人のあなたの顕在意識だけ。

✧心は「危険」からあなたを守ろうとする

「私にはきっと無理」——そう思い込んでしまうのは、頭ではなく心です。この「心」が、望む現実と裏腹のものをかなえてしまうことがあります。

心とは元々、人間がこの地球上で生きていくために、命を守るために生まれたシステムです。

宇宙にいる魂のときのように何でも試したら、車にぶつかってすぐ宇宙に帰ることになっちゃったりするでしょう？　この地球上で安全に生活するために、いろんな危険を予測しながら、「危ない」と思うものを避けようとするわけです。

それを学ぶのが、幼少期です。

脳の一番原始的な部分、爬虫類脳が、「危険から逃げること」を学びます。

人間にとっての一番の危険は、「親の庇護を受けられない」ということですから、親から見離されない方法を学ぶことがそのまま、生きる知恵になっていきます。

親が喜ぶことや、親が「いいよ」ということを率先して選ぶことで、命を守っているわけです。

だから、恥ずかしいと思うことも含め、心が嫌だとか怖いと感じることは、「親の許可が出ないもの」だったりします。実際に許可されているかどうかではなく、自分が幼少期に「これは危険」だと思ってしまったことです。

だから、「じゃあ、大人になって、変更すればいいんじゃないですか?」って思いますよね? でも、心はちょっと厄介。

命を守る仕組みなので、自分の顕在意識で考えて「こないだ車にぶつかるのは危ないって決めたけど、やっぱり、ぶつかってみようかな」なんて、行動されても困るから、一度決めたことはけなげに守り抜こうとする性質があります。

だから、自分の頭で考えて変えようとしても、反射的に避けようとする。

幼少期に命を守るための機能だった心の「敏感さ」は、大人になるにつれて、自分のやりたいことを制限するものになってしまうんです。

これが「心の誤作動」です。

✧心の誤作動の見つけ方は超簡単

「じゃあ、心の誤作動をどうやって見つけるんですか」という質問をよくもらいます。

私は、「顕在意識でたどり着きたい場所と真逆のところに、心が連れて行こうとしているんだったら、それは心の誤作動です」と話しています。

「月の半分は家族と海外で過ごしたいから、年収4000万円くらい必要だ。そんな自分になる」って結果を決めているのに、心が不安になったり、行動や判断が、「いや、なんか、これ、年収3000万から出ないコースかも?」みたいになったりするときは、心が誤作動しているということです。

お伝えしたように、心とは、命を守る安全装置。幼少期に決めたことを頑なに守っているだけの存在です。

だから、実は、大人のあなたのいまの本当の望みを知っているのは思考、つまり顕在意識なんです。

「潜在意識」を一旦脇に置く

潜在意識と顕在意識の入口に、
「心」という関所がある。
心が信じていることしか、
潜在意識に通さない。
いま、願いがかなっていないなら、
「心がふさわしいと思っていない」ってこと。

✧顕在意識と潜在意識の間の関所「心」

「願望実現には潜在意識の力が大切！」と聞いたことがある方も多いと思います。

僕も、これまで書いた本の中で、潜在意識は顕在意識の6万倍の力を持っていると言いましたし、顕在意識で考えたことが、潜在意識に伝わり、その先にある宇宙の力を活用すれば何でもかなう――そんなふうに伝えてきました。

潜在意識は確かにすごい力を持っている。それは事実ですが、一部補足させてください。それがここでお伝えしている「心」の存在です。

顕在意識と潜在意識の間には、「心」という関所があります。心が信じていることしか、潜在意識には通してもらえないのです。

実は、「現実をつくる力」という意味でいうと、顕在意識よりも、潜在意識よりも、「心」が一番強いんです。

だから、顕在意識でいくら「こうなりたい」ってアファメーションしたとしても、心が信じていないことは潜在意識に通さないのでかなわない。

逆に、心が信じていることは、「ぜひ潜在意識の力を使って現実にしてください」と、スルッと潜在意識に通します。

スピリチュアルの話題の中で、潜在意識について話すとき、顕在意識と心の存在を置き去りにして、潜在意識のエネルギーの大きさにフォーカスしすぎの傾向があるように、僕はいま感じています。

そして、心イコール潜在意識、という誤認識もあった。

僕が最初の本でお伝えした、潜在意識は顕在意識の6万倍力があるというのは、いまも確かにそう。顕在意識では考えつかないような手段で願望を実現させる力が、顕在意識の6万倍くらいあります。

でも、心には命を守るという使命と、それに準ずる力があって、それは顕在意識よりちょっと強い。僕の体感だと、顕在意識が1だとしたら2倍くらいの力はあります。

意識していれば、顕在意識の力で心を制御することはできるけれど、長く続かずに戻ってしまうのは、心のほうが顕在意識よりも強いからだと僕は思っています。「関所」である心に振り回されていたら、その先の潜在意識という「6万倍の力」は使うことができません。

顕在意識でどんなに目標設定して結果を決めて行動しても、心が誤作動を起こしてしまうと、かなわなくなってしまうのです。

✧心の関所は「僕にふさわしい」ものだけを通す

「心が信じていること」とは、実は、宇宙でもスピリチュアルでも何でもなくて、幼少期の家庭環境で自分の心が決めたこと、知ったこと、信じたことだったりします。

心は、肉体に宿り、この地球にしか存在しませんから、スピリチュアルとか宇宙の力でどうにかなるものではありません。

そして、心の課題というのは、それぞれの育った環境や体験によって千差万別ですから、スピーディーに一本化して「こういうことです」と語るのが難しくもあります。

願望実現について、宇宙やスピリチュアルの視点でなら、万人共通で「こうなんです」と話せますが、心は一人ひとりの肉体に宿り、それぞれの幼少期を経て、それぞれの「そういうものだよね、人生」というオリジナルの「常識」を持っています。

これがある意味、宇宙に願望を発信する際の「通行手形」になっているんです。

心の関所を通るためには、「通行手形」がなくてはなりません。

通行手形を発行するのは顕在意識の役目です。

「会社を辞めて、資格を取って、開業して、活躍して、お金を得て家族を幸せにする！」

という通行手形を持って、意気揚々と、心の関所を通ろうとしたとします。

心の関所がＯＫしてくれるのは、心が安心できる内容であるときだけ。

「これは僕にふさわしい」と心が思えば、「どうぞ通ってください」と、確固たる目標として潜在意識の領域へと通してくれます。これが、顕在意識と心が一致した状態です。

「そんな、僕が起業なんて、ふさわしくない」と心が思うなら、その通行手形では、関所は通れない。結果を決めたとしても行動できない、願う結果が訪れません。

だから、本来は顕在意識で思い描いている理想に、もっと純粋に素直になればいいのですが、なぜか心が、それに反対したり、ざわついたりする。

「それはなぜだろう」と考えてみることが、願望実現の第一歩なんです。

MIND

「与えられた選択肢」から選ばなくていい

人は自分の「こうしたい」という人生や
願望をイメージするとき、
「親から与えられた枠の中」でしか
考えられていない。
それじゃあ、魂は喜ばない。

✧狭い自分の世界だけで願望を考えない

子どものころは、無邪気になりたいものや、やりたいことを口にしていましたよね。「パイロットになりたい！」とか「野球選手がいい！」とか。

でも、成長していくうちになぜか、「そんなテストの点数じゃ無理」とか、「その程度じゃなれないよ」といった、親や周囲のジャッジが入ってきて、だんだんと、子どもは、「そんなの無理でしょ」と言われない、制限された願望を持つようになります。

心理学の視点でも、その人の現時点でのオーダーの許容量、「この範囲なら望んでもいい」という心理的な安全が担保された願望は、それは願望ではなく「制限」です。

直接そう言わないにしても、「この中から選ぶんだったらいいよ」という親が求める範囲を子どもはちゃんと受け取って、あたかも自分が考えだした、とっておきの願望のように思ってしまうわけです。

でも、やってみたら楽しくない。そう、枠の中で願望を選んでかなえたとしても、嬉しくなかったりする。やりたいことが枠の外にあったならば、いつも欠乏感を味わうことになるかもしれません。

たとえば、オリンピックを見ていて、棒高跳びに憧れたとします。

「空を飛んでいるみたいな、あんな、かっこいいこと、僕もやりたい！」と言ったとき、親から「そんなの練習できる場所ないでしょ。どうせやるんだったら柔道とか、剣道とか、道がつくものにしなさい。その中だったら何を選んでも応援するわ。さぁ道場探しましょう」と言われたらどうでしょう。「めっちゃ楽しい！　やるやる頑張る！」って思えますかって話です。

これが、本当にやりたかった棒高跳びだったら、練習できるのはどこか熱心に調べますし、朝練だってきっと楽しいし、憧れの選手に弟子入りしに海外にだって飛び出したくなるかもしれません。本当の願望には喜びが伴うとは、こういうことです。

逆に言えば、喜びがなく義務感が伴うなら、それは、枠の中の願望かもしれません。

「やろうと思っても、やる気が起きない」というとき、自分に問いかけてみるべきは、

「その願望、親が認めた枠を取っ払って決めていますか」ってことです。

✧「失敗したら恥ずかしいから、かないそうなところの願望で」

心がなぜ、自分の願望を自分にできそうな枠内で考えようとしてしまうのか、それにはもう一つ理由があります。心に「失敗したら恥ずかしい」「できなかったらどうしよう」という、未来予測機能があることです。

失敗したら恥ずかしいという感覚は、ほとんどの場合、ただの未来予測です。

何もしていない段階で、失敗を想像して恥ずかしいから、失敗しない範囲で夢を描こうとする。起こってもいないのに、起きたら嫌だからチャレンジしない。脳内完結してしまっているわけですね。

「年収2000万円を望みたいけど、さすがに無理よね。失敗したら恥ずかしいしね。じゃあ、かないそうなのっていくらかしら。400万と書いておいたら、堂々と言っても恥ずかしくないし、失敗しても、いま年収350万だから、そんなに『大失敗』って感じじゃないし」と最初から言い訳しながら願望を考えている。

僕は叫びたい！　それでいいんですか⁉　人生すぐ終わっちゃいますよ⁉

MIND

決めても動けない理由

目標を掲げても行動が続かないときは
願望をかなえたときに得られる
喜びを「明確に」想像できていないのです。
ニヤニヤするほど、
鮮明にかなった状態をイメージします。

✧「願うだけで動けない」なら想像力不足

昔、ある女優さんが、ラジオでこんなことを言われていたんです。「私のウエストが57センチなのは、イメージでつくっているんです。『私のウエストは57センチ』って言い続けていれば、そうなるんですよ体って」と。

57センチになるために行動は必須だし、行動されているのだとは思いますが、行動のために、イメージすることはとてもとても大事なのだと、僕は受け取りました。

ウエストが57センチって決めた人が、ベッドに1日中寝そべって、ポテチやフライドポテトを食べるかっていうと、そんなことはきっとない。

だから、「私のウエストが57センチだ」って決めることが超重要で、その後の筋トレや食事制限っていうのは、そのために「やってあたりまえのこと」になるのです。

いま、もしも、「私、3キロやせる」っていう結果を決めたけど、やっぱりできなくて、ベッドで寝そべってポテチ食べちゃって、「ああ、いつか3キロやせたらいいなあ」といつの間にか願望もリセットしている人がいるとして、「どうしたらいいですか」と聞かれたら、「想像力が足りません！　全然、思い描けてないです！」と、僕なら言うと思います。

どういうことかというと、**3キロやせたときに、自分にどれくらいの喜びがもたらされるのか、まだまだ全然リアルに想像できていないっていう話です。**

本当の願望には喜びが伴うと、本書で何度もお伝えしていますが、その喜びとは本来、「絶対、何がなんでも、手に入れなくちゃならない」っていうくらいの、喜びのはずなんです。

行動するのが億劫になってしまったり、途中で断念したりというのは、かなったときの喜びを薄くしか感じられていないから。または、そうなれると、心が信じきれていないからです。

「3キロやせたら、モテモテになって、自分に自信がついて、鏡を見るのが毎日楽しくて、メイクも色々楽しめて、ファッションだって好きな服が似合うようになって、いろんなことが前向きに頑張れて。そしてやせたらね、なんと素敵な彼氏ができて」

――そう、40分くらい機関銃のように前のめりに話してしまうくらいのメリットがあったらどうですか？

「これは、ポテチ食べてる場合じゃないわ！」と、人は腹筋しはじめちゃうんですよ。一刻も早くかなえなきゃ。こりゃ、やんなきゃもったいないわ！　って。

もしここで逆に、リアルに思い描けば描くほどに億劫になるとしたら、そこにはまた別の課題が見えてきます。

「私が3キロやせて、美しくなって、モテモテになって、お金持ちと結婚したら、働かないお父さんと結婚して離婚して、女手一つで育ててくれたお母さんに申し訳ない。私はお母さんより幸せになっちゃいけない」というような、「かなわないことによってかなえている何か」が潜んでいたりするんです。

これを、心理学用語で二次利得といいます。これは、心の誤作動ですから、心の調整が必要になってきます。

MIND

人を「不幸」に縛りつけるもの

「自分の人生」と「親の人生」が
ごちゃ混ぜになっていませんか？
過去の親を変える必要も
罰する必要もありません。
いますぐ〝自分の宇宙〟で
幸せになれるのです。

✧子どもが勝手に「親の人生は不幸だった」と決めている

自分の人生がうまくいっていない人にお伝えしたいことがあります。

それは、「お父さんやお母さんの人生と自分の人生がごちゃ混ぜになっていませんか」ということです。

実は、「人が不幸でい続ける」のにはちゃんと理由があるんです。

逆に、理由もなく不幸でい続けられる人は、本来いませんからね。

何か、明確な目的や意図があるからこそ、どれだけつらくても不幸でい続けられるわけです。

じゃあ、その理由って何だと思います？

人によって違いますが、たとえば、**「親への復讐」**だったりします。

復讐の対象は、多くの場合が親です。**一番多いのは、「僕が幸せになれていないのは、あなたたちの育て方が悪かったからと、証明したい」ってやつです。**

幸せになってしまうと、親の育て方が間違っていたって言えなくなっちゃいますからね。

そして、親に対して「お父さんやお母さんが間違ってたんだ！」と言い続けたいのは、関係性をつないでいたいからです。

顕在意識でどれだけ自分の幸せを願って行動しようとしても、親とつながり続けたい心が「ダメだよ。僕が幸せになっちゃったら、親に復讐できないじゃないか。不幸でい続けなきゃ」と、変な方向に頑張ってるわけです。

本来、宇宙とは、一人にひとつ以上ある世界です。

親子であったとしても別の魂です。それぞれが体験したいことを体験しつつ、一部を共有して生きています。

子どもは、幼少期を親の宇宙の庭で過ごしているような感じでしょうか。

本来は、自分の人生は自分のもので、親の人生は親のもの。

それぞれ、自由に創造していけるはずなんですが、「親が愛してるって言ってくれるまで居座ってやる」「親のせいでいかに僕が不幸かをわからせてやる」とすねていると、ずっと親の庭に居座って出ていかないってことになってしまいます。

これ、親を変えようとする、親に復讐しようとするあまり、自分が地球に来た目的なんか、そっちのけになってしまっていますよね。

極論、「復讐とかもうどうでもいいや」「恨み続けるのも面倒だ」って思えたら、手放せるのですが、なかなかに、しつこいのが心です。

でもね、あなたの宇宙って本来めちゃくちゃ広いんですよ。

やりたいことは何でもできて、いつからだって幸せになれる。

親の宇宙の庭に居座って、「親のせいで僕は不幸だ」「親が間違ってる」と言い続けていいんですかって話です。

MIND

親は幸せだった

親を「かわいそう」と
どこかで思っている限り、
人は幸せになれません。
勝手に「親より幸せになってはいけない」と
自ら呪いをかけていることに
気づいてください。

✧親への「忠誠心」が幸せを阻んでいた

もう一つ、不幸せでい続ける人に多いのが、「親が不幸せだったから、自分も不幸せでいなくては」っていう、忠誠心を持ち続けているパターンです。

願望が浮かんだときに無意識に親に「遠慮」してしまうんですね。

本来、親は、魂である僕らに、地球での魂の乗り物である肉体を授けてくれる存在です。肉体という乗り物の運転の仕方を教えてくれたり、いきなりアクセル踏みすぎてぶつかって宇宙に戻ってしまったりということが起こらないように、自分の足でこの地球を探索できるようになるまで、守ってくれています。

だから、大人になったら、自分の人生を生きるのに、親は関係がないはずなんです。

わざわざ執着しているのは子どものほうだったりします。

子どもは、親が幸せかどうかに敏感です。なぜかというと、幼少期は親に守ってもらう必要があるので、親がニコニコしてくれていないと不安だから。だから、親の幸せに責任を取ろうとします。

親が不機嫌だったり、悲しそうだったり、大変そうだったりすると、すべて自分のせいだと思ってしまったり、親を勝手に「かわいそうな人」と決めてしまって、なんとかして助けようと必死になったり。

そうやって親とつながったまま大人になったときに、自分自身の人生の目標や、夢、願望を持とうとすると、どうなるか。

「年収2000万円になりたいけど、お母さんは、パートを掛け持ちしながら年収250万で自分を育ててくれた。だから、自分だけ年収2000万円を望むなんて、ダメだよね」

「幸せな結婚をしたいけど、うちの両親は喧嘩ばかりしていて、結局離婚しちゃったから、私に幸せな結婚は無理よね」

と、勝手に、親より幸せにならない選択をしようとします。

そこにあるのは**「親はかわいそうな人生だった」**という思い込みだったりします。

でも、考えてみてください。

この地球上での行動は、それぞれの魂が望んでいることだったりするんですよ。どんな体験も、魂は、ウキウキしながら楽しんでいるんです。

つまり、この地球上に、かわいそうな人なんて誰一人いないんです。

あなたが、親に対して、つらかったろうと思っているその体験ですら、親の魂は、「いやー、このつらさを体験したかったんだよねー」と喜んでいたりするんです。

だから、ここは潔く、「親は幸せだった」と決めてしまいましょう。

「勝手に不幸だと思っていたのは自分だった」と、認めてしまったほうがいいですよね。

「かわいそう」は、心の目線。でも、「魂」の視線で親の生き様を見てください。その体験を今回の地球での人生で望み、生き抜いた尊い人生です。

そういう視点でまずは、親を見てみてください。

「あれ？　もしかしてうちの親、幸せだったんじゃない？」

MIND

「親の庭」から出よう

幼少期に共有していた親の庭に
居座り続ける子どもの心。
そこから勇気を出して踏み出して、
自分の宇宙で、思い通りに生きる。
それが、人間としての成熟です。

✧「お母さん、あなたより幸せになってもいいですか」

「親の庭」、そこからあなたは出て、自分の庭に戻らなければなりません。

一歩踏み出すための、セルフワークをひとつやってみましょう。

一人でゆっくり自分と向き合う時間をつくってください。椅子や座布団などに座り、目をつぶって、親の宇宙の庭にいるイメージをします。

お父さんとお母さんが、その庭にいて、あなたを見ています。お父さんとお母さんに向かってこう言ってみてください。

「お父さん、お母さん、

私は、お父さん、お母さんよりも、簡単に幸せになっていいですか」

「お父さん、お母さん、

私は、お父さん、お母さんよりも、簡単にお金を稼いでいいですか」

「お父さん、お母さん、

私は、お父さん、お母さんよりも、簡単に愛されていいですか」

目の前のお父さんとお母さんはどんな顔をするでしょうか。

あなたの心はいま、どんな感じですか。何か変化はあったでしょうか。

安心したり、ザワザワしたり、その感覚をまず感じてみてください。

ジャッジする必要はありません。

次に、お父さんとお母さんにこう伝えます。

「お父さんとお母さんの人生は、あなたたちが望む素晴らしい人生です。

私は子どもとして、お父さんとお母さんの人生を尊重します」

そう言って、お父さんとお母さんに深く拝礼をします。顔を上げたら、お父さん、お母さんの庭から出ましょう。そして、最後にこう伝えましょう。

「私は、私の宇宙で幸せになります」


さあ、どんな気持ちになりましたか。人によっては不安になったり、気持ちがざわついたり、イラッとしたり……ということもあるかもしれませんね。いい、悪いではなくちょっと味わってみてほしいんです。

以前このワークをやっていただいた僕の講座の受講生さんが「やっぱり母親を許せません」と言われました。私はその方にお伝えしました。

「許さなくってもいいですよ。許さなきゃいけないことなんてないですよ」

その方はしばらくして泣き出されました。ひとしきり涙を流したあとで、こう言われたんです。

「なんか、許すとか、許さないとか、どっちでもよくなってきました」

そう、その方は多分、「許さない」って言い続けたかったんだと思います。

でも、「いいですよ、それで」って言われたこと、許可されたことで、幼少期からずっと心の奥にあった「許さない」っていう思いが、どっちでもよくなった。すると、ため込んだ感情を吐き出すことができて、スッと手放せたということでしょう。

親なんて、関係ないです。

ここまでのあなたの人生、あなたが頑張ってきたし、あなたの人生です。

だから、いいんですよ、もう親を罰しなくても。

そして、いいんですよ、もう親を助けようとし続けなくても。

心の形状記憶装置に負けない

幼いころに感じた「安全な領域」は、
ある意味、絶対的な居場所。
新しい世界へ飛び出したとしても、
隙あらば心は「戻ろう」とする。
そんなときこそ、さらなる行動を！

✧ふとした瞬間に「戻ろう」とする心

行動の大切さを知ったあなたが、気合を入れて、行動しはじめたら、何かしら結果が出たり、ヒントがきたりして、「お！　これはなんか人生変わるかも」って思えるようなことが、割とすぐに起きたりします。

目標としていた年収アップも瞬間風速でかなったりするかもしれないし、彼氏ができて結婚の話が出たりもする。

大事なのは、継続してその超幸せな状態が、かない続けることです。

心には「慣れ親しんだ状態」に戻ろうとする力があることを覚えておいてください。

心は形状記憶のように、慣れ親しんだ居場所に、隙あらば戻ろうとします。

せっかく部長に昇進したのに会社自体が倒産したり、結婚寸前の彼の嫌なところが突然目について「結婚は無理」となったり。

幸せに向かってまっしぐらなときほど、心の形状記憶装置が、ハイモードで働いて、前の状態に戻ろうとします。

なぜかというと、人は慣れ親しんだ状態のほうが安心できるからです。

それが、どんなにつらい状態であったとしても、一人ぼっちで孤独でも、毎日カップラーメンしか食べられない状態でも、**「これが私にはふさわしいんだ」と、子どものころに決めた状態のほうが、「ここが私の居場所」と思えるし、安心なんです。**

だから、うまくいっている状態に不安を感じたり、何かしら不穏な動きが出てきたりしたら、「あ！　これは、心の形状記憶装置が作動している」と顕在意識で捉えて、戻ろうとする心の仕組みを理解する。そして、ちゃんと心と話し合う。

「戻ったら、まだ孤独になっちゃうけど、本当に本当にいいの？」

心の不安に負けず、しっかり自分の頭で考えて、心と話し合って、選択する。

不安をノートに書き出し、俯瞰してみます。こう伝えて、自分を安心させます。

「大丈夫、本当の居場所に連れていくからね」

✧心の形状記憶装置を「逆手にとって」使う方法

心の形状記憶装置は、使い方によっては悪いものではありません。

上手に使うと、願望実現していく上で大きな味方になります。

願いをかなえた自分に対して「自分にはこれがふさわしい」と思えたなら、「心が慣れ親しんだ状態に戻りたがる」という性質は、良い方向に働きます。

自分で事業を始めて、たとえば年収4000万円になった人なら、たとえ、その会社が倒産したとしても、「僕は年収4000万円がふさわしい。また何か始めればいい」と無意識に心がその状態に戻そうとします。

顕在意識と心が一致している状態なので、心の関所は「どうぞどうぞ！」と願望を通し、潜在意識は願望を実現するために強いエネルギーを与えてくれます。

「なんで願望は実現しないんだろう」とは真逆の動きが起こり、**「どんなことがあっても、私は年収は4000万円はキープできる。それがふさわしいのだから」**といつだって確信している状態になります。自分のことをそういう存在であると顕在意識と心が信じているので、それがかない続けるんですね。

MIND

「僕がなんとかする」と思わない

誰かの〝ヒーロー〟でいることを
あっさりあきらめたほうが
願いはかないます。
「僕がなんとかしなきゃ」を手放すこと。

✧「助けたかったけどダメだった」の呪縛から離れるには

願望実現の仕組みとか、スピリチュアルの世界でよく「すき間を空けたらお金や幸せが入ってくる」と言われますが、これは本当です。

お伝えしたように、エネルギーというのは元に戻ろうとする力を持っていますから、空間が空くと、宇宙はその空間を何かのエネルギーで埋めようとするのです。

そして喜ばしいのは、宇宙は常に進化し続けていて、空いたすき間には、前よりももっと新しくて大きなエネルギーが入ってくること。

すごくいいものが入ってきたり、人生が良い方向に転んだりするんですね。

でも、子どものころに「こうしたかったのに、かなわなかった」という思いを持ち、大人になってからも握りしめたままだと、新たなエネルギーには入れ替わりません。

過去の「こうしたかった」は、どうやっても変わらないので、エネルギーは停滞します。

大人になって何かしようと思っても、過去のエネルギーや課題に引っ張られてしまい、いま目の前にいる人の顔に、親や過去の誰かのお面を被せ接します。

「ここにもお母さんと同じように困っている人がいた。この人の苦しみをどうにかしたら、あのときの僕も救われて愛されるかもしれない」そう頑張りはじめてしまう。

でも、目の前にいる人は、お母さんではありません。いくら頑張っても報われません。

そして、最初の最初に決めた結果は、「こうしたかったのに、かなわなかった」なので、どれだけ一生懸命に行動しても、それがかないます。

「別に助けてくれなんて言ってないわ」と言われてしまうとか、余計に問題が拗れたりして相手と疎遠になったり。でも、「助けたい」がある以上、また同じように困った人を見つけてなんとかしようとしてしまう。

✧親や家族を「助けよう」とするのをやめる

内容は人によってそれぞれですが、課題を抱えたままの心で、親とつながろうとし、親を幸せにしてからじゃないと自分の人生を歩き出せない気がしてしまうんですね。

たとえば「私はなんで結婚できないんだろう」と考えるときに、家族や親への心配があったりします。

「体の弱い妹がいるから、僕だけ結婚してこの家を出ていってしまったら、両親が困るだろうし、両親が亡くなったあと、誰が妹の面倒を見るんだろう」

そんな気持ちでは、なかなか結婚に至りません。一念発起して、結婚相談所に入って、素敵な人と出会っても、なんらかの理由で破談にさせてしまう。

心理学的に言えば、「僕が妹のためになんとかしなくては」と思う時点で、妹が自分の宇宙で自分の思うように生きるためのエネルギーを奪い、親の庭に妹と一緒に居座っているという状態だったりするんです。

これが、家族をなんとかするのをあきらめ、家族が自分でなんとかできると信じ、結果を決めることで、見える世界や現実が突然変わることも少なくありません。

「なんだ、僕が家族のヒーローにならなくてもよかったんだ」

あっさりと、そのヒーロー願望をあきらめたとき、人生は劇的に変わります。

MIND

学びに「依存」しない

人は所属を求めるものだから、
居場所を探して、留まろうとします。
いまいる場所が
本当に自分を幸せにしてくれるか、
理想の人生に導いてくれるのか、
立ち止まって考えることも必要です。

✧「悩みがないといられない居場所」にはご用心

心の誤作動を解消するために、心理学の知識や心理療法は有効です。

日本には〇〇心理学と名のつくさまざまな心理学講座が３００くらいあるそうですから、自分に合う方法を活用して、さっさと心の誤作動を正常化して、幸せになってしまおうというのはある意味とても効率的です。

でも、その心の誤作動のほとんどが「私、愛されなかったんです」という思い込みから始まっているからこそ、苦しみを分かち合って、慰め合える心理療法のグループに出合うと、居場所を見つけたと思ってしまうことがあります。

また、心の誤作動が解消されると、「親を助ける」という目的から突然解放されて、どこに向かっていいのか、何が自分の願望なのかわからなくなってしまうこともよくあります。

そうすると、話が通じる仲間たちがいるその心理療法のワークショップが、居心地のいい自分の唯一の居場所みたいになってしまったりするのです。

そうすると、「どれだけカウンセリングを受けても何も変わらないし、動いても何も実現しない」ということが起きることがあります。

そこにい続けるためには、悩みがないといられないからです。問題が起きていないとこの場所にいられない。

改善してしまったら、この場所から出て行かなきゃならなくなるから、改善しないでおこうと、心が違う視点で新たな誤作動を起こすんです。

そうすると、いつまでたっても理想の未来に行けない現実が待っています。

だから、心の課題を改善しようと思って頑張っているのに、全然改善しないというときは、解決を求めてきた場所に居場所を求めていないかどうかにも、目を向けてみてほしいと思います。

そして、本来の自分の人生の目的に立ち返って、結果を決め直してみてください。

人は一人では生きていけませんから、所属を求めるのは自然なことです。

そして、居心地が良くても、悪くても、すでに得てしまった「居場所」を手放したくないと思いがち。その時々、その場所にいることで得ているものがあるならなおさらです。

でもね、自分の本当の願望に気づいたら、改めて振り返ってみる必要があるんです。

たとえば、婚活だってそう。「私！　結婚する！」って決めて、本気で取り組んだとします。すると、今まで一緒にいて「いい男なんていないわよね」「結婚したら自由じゃなくなるし」と盛り上がっていた独身女子の会にいるのが、少ししんどくなる。

その時、「私は絶対結婚するんだ。パートナーのいる生活を送るんだ」と決意するなら、一歩踏み出す必要があるかもしれません。

人生のあらゆるステージで、その時々、所属する場所やチーム、チーム構成は変わるものです。その時々、自分が輝ける場所に、自分を置いてあげてくださいね。

MIND

家族は「他人」と思え

パートナーも子どもも、
自分とは違う宇宙で地球を楽しむ別の魂。
それを認識せずに〝家族〟をやっていると
自分の思い通りにならないことに
苛立ったりする。
きちんと「他人で」いるって大事です。

✧近しい人ほど「きちんと他人で」いる

パートナーシップや親子関係の課題の原点って、どこにあると思います？

それは、ちゃんと他人として尊重できているか、そうでないかだったりするんです。

パートナーや家族って、つい、なんでもわかってほしくて、すべてを共有したい存在だと思うかもしれませんが、「きちんと他人でいる」ってすごく大事だったりします。

自分と家族の境界線が曖昧になってしまうと、領海侵犯してしまって、自分の感情をぶちまけたり、思った通りにいかないからとイライラしたりするなんてことが起きてくるからです。

僕は、娘が生まれて本当に可愛くて大切だと思ったときに、妻に対して、「ああ、妻は妻のお父さんにとってこういう存在なんだ」と思ったんです。

そのときから、妻は、僕にとって、「大切なお嬢さん」。

たとえ、僕に何か嫌なことがあって、僕がイライラしているからって、それをぶつけていい相手ではない。聞いてほしいことがあるならちゃんと「聞いてほしいことがあるんだ」と言う。決して、「言わなくてもわかってくれるのが家族でしょ」なんて言わないということが大事だと思っています。

「なんでわかってくれないの?」「なんで愛してくれないの?」って駄々をこねてもいいのは、親に対してだけ。しかも幼少期だけです。

親がしてくれなかったことを、パートナーにぶつけて「なんでわかってくれないの!」って言うのはお門違いなんです。

✧お隣の庭に勝手に入ってはいけません

大切なのは、家族であろうと、友達であろうと、隣人であろうと、一つひとつ別の魂であると意識することです。

それぞれ、目的を持ってこの地球にやってきていて、誰もが自分の決めたとおりの人生を、今この瞬間歩んでいます。

僕らは一人ひとりが自分の宇宙を持っていて、同時に、僕らは、この地球上で一緒に過ごしてもいます。

本来は、自分の世界を楽しく幸せに生きるために、それぞれが全力を尽くして、行動しまくればいいのですが、なぜか、隣の芝生を荒らしに行く人が出てきます。

外から見ているほうが、客観的に見ることができるし、どうしたらうまくいくのかがわかりやすいし、自分の人生に責任を持つよりも、隣の人のお助けマンでいるほうがなんだかラクだったりするわけですよね。

だからついつい、お隣の宇宙にお邪魔してしまうわけですが、それはNG。そうするとね、自分の宇宙でやりたかったことができなくなります。

なぜかって。

まずは、この地球での時間は、有限だからです。

さらに、お隣の宇宙にお邪魔していると、だんだん、その宇宙の持ち主に疎まれます。

なぜかって。

それはそうですよね。**勝手に相手のことを改善しようとしたりするのはお節介。相手には相手の体験したい世界があって、自分自身の行動でこそ、人生を作っていきた**

いと思っています。勝手に庭に上がりこんできたあなたに、「いいから失敗させてよ！」「好きにさせてよ！」「自分で這い上がる体験をしたいんだよ！」と、苛立ちを感じるようになります。イライラされたり、嫌われたりするでしょう。

家族も友人も、きちんと他人でいること。互いに適度な距離感で、互いの宇宙や今回の人生での体験を尊重すること。

そうすることで、僕らは、互いの願望をかなえる「おかげさま」として、互いの宇宙に「ちょい役」で登場することができるんですね。

LUCK

3

運の正体

運は気分

運は気分。
1秒で運気を上げる方法は、
先に、笑顔になること。
楽しいことがあったから
笑顔になるのではなく
笑顔でいるから楽しいことがあるんです。

✧運のいい人になりたければ、「気分がいい人」になる

さて、ここまで、願望実現の仕組みや心の誤作動についてお伝えしてきました。願望がかなうにはステップがあり、心がそれを邪魔することがあること。そして、一貫して、行動がいかに大切かというお話をさせていただきました。

ここまできたからこそ、やっとお伝えできることがあります。

それが、みんな大好き「運」についてです。そうですよね。運が良くなったら、人生変わりそうですし、奇跡がいっぱい起こりそうですもんね。

実際、

「運を味方にするにはどうしたらいいですか？」

「ツイてる人になるにはどうしたらいいですか？」

こんな質問、めちゃくちゃ多くいただきます。

僕はこの質問に必ずこう答えています。

「運は気分です！」

「だから、運がよくなりたいなら、気分がいい人でいる」

これに限ります。

だって、気分が悪い人には、近寄りたくないですよね。気分が悪い状態って、出てくる発想や思考も、重たい。その時点でもう「運がいい人」とは言えないですよね。

そして、気分がいい人になるには、笑顔でいることです。

楽しいことがあったから笑顔になるのではなく、いいことがあったから笑ってしまうのではなくて、笑顔でいるから楽しいことが起きるんです。

✧ 笑顔でいるだけで運気は自然と上がる

「さあ、笑顔をつくりましょう！」

そう言うと、こんな人が必ず出てきます。

「笑顔になれる気分じゃありません！」

そんなことを言う前に、笑顔をつくってみてください。

笑顔になりたい気分だから、笑顔になるのではなく、自分で意図的に、笑顔を先取りするんです。

人って、ニコニコしながらイライラすることはできません。だんだん、いい気分になってくるし、笑顔になってしまう出来事が起きるんですよ。

「笑顔でいるだけで、運が良くなるなんて、そんなの誰にでもできますよ」なんて言う人がいますが、そうなんです。

笑顔でいたら、自然と、運がいい人になってるわけです。

こんな簡単なこと、やらない手がありますか？　ないですよね。

いつだって行動が先で結果が後。それがこの宇宙の秩序です。

だから、いますぐ「やってみて！」ください。

願望がかない続ける人の共通点

願望がかなう人は、とにかく無邪気です。
そして、素直で、純粋。
世間体などを考えず、
ただただ、無邪気にいまを楽しみ
行動し続けること。

✧「無邪気さ」は願望実現の最高の魔法

無邪気にこの地球を楽しんでいる人というのは、一番いい状態で宇宙とつながっていますから、いいことがいっぱい集まってきます。

無邪気さから生まれる喜びや愛は、宇宙が欲しがっているエネルギーなので、必然的に応援されます。

つまり無邪気さこそが運を爆上げしてくれるというわけです。

だから、とにかく、毎日純粋な気持ちで、いまを楽しみ味わったほうがいいんですね。

時折、日常から完全に離れて、日々の問題について一旦忘れて、無邪気でいられる場所で過ごす時間を持つのもおすすめです。

僕は年に2度、自分の講座の受講生さんたちと一緒に瀬戸内海の仙酔島で合宿をしているんですが、日常から抜け出して、島で数日過ごすと、みんなものすごく変化します。

まるで夏休みの子どものように、全身を使って野山で遊んで、朝から晩までニコニコと笑顔で過ごせます。そう、悩みなんてなかったかのように。

日常から離れて自然の中で過ごすというのは、心理用語では「転地効果」と言われていて、脳内ホルモンの調整を司る自律神経が整って、心身がリセットされるっていう効果があることでも知られています。

でも、本来は、日常生活の中でもそうやって、無邪気に生きているのが本来の人間の姿なんです。そういうとみんな「えええ！」って言うけど、心のどこかでは「自分は本来こういう姿だった」って知っているんですね。

だから、無邪気に遊んでいると、本当に楽しいんです。

自分の目で見たものや触れたもの、ちっちゃなことに感動して、ぽろっと涙が出たりする。

そんな、心が喜ぶ時間を意識してつくること。

これも、顕在意識だから計画できることだったりするんですよね。

これが、願望実現の近道だったりするんです。

✧予定通りにいかないときこそ無邪気に楽しむ

2024年の春、8回目の仙酔島に行ったときは、実は、初めての雨だったのですが、天気を見ながら「これ明日にしましょうか」「それは今日やってしまいましょうか」と調整をして、いままでとは違う、予定通りにいかない時間を過ごしました。

これがね、いままでで一番楽しかったんです。

そう、イレギュラーだったからこそ、ちょっとした冒険だったわけです。僕にとっても、みんなにとっても。

2週間前から天気がよくないことはわかっていたんです。

僕も人間なので、「えー、なんでこの日に限って雨なんだろう」って思いながら、スマホで天気を見つつ、画面の雨雲をシュシュってずらそうとしてみたんですけど、当然ながら無理で、結局、天気予報通りに本当に2日目が土砂降りになったんです。

それで、どうしたか。

ぶーたれながら雨の中、受講生さんたちと、悶々としていたかっていうと、まったくそうではありません。

雨の岩風呂で、おじさん4人が餌をもらう鯉のように必死に口を開けて、「誰が一番雨水が飲めるか」なんて、必死に張り合うっていう、いままでになかった仙酔島の楽しみ方を見つけたんです。

いや〜、あんなの、もう、小学生ですよ。

我々、めちゃくちゃまじめにやっているんですけど、側から見たら、小学生の男子。掃除時間に、雑巾投げをしているような感じですね。

でもね、懐かしいんです。心がほかほかして、純粋に、楽しいんですよ。

そんな時代、あなたにもきっと、あったでしょう?

仙酔島では、世界で一番大きい露天風呂、つまり海に入ります。

僕たちの合宿は、わざわざ水が冷たい、5月と10月に開催しています。なぜかっていうと、「ぎゃ――冷たい！　やめてー、水かけないで！」って言いながらみんなで入る、究極の無邪気さを体験するためです。

竹を使って炊飯して、ご飯が出来上がったら、大人たちから無邪気な歓声があがってね、感動して泣き出す人もいたんですよ。

「いい年した大人が、あんなに嬉しそうなのを見たら泣けてきちゃって」ってね。

きっと、魂が本当の自分を思い出したりしたんでしょう。

これには、後日談があって、参加した受講生が、その話を友達にしたら、その感動が伝わって、友人まで思わず泣いてしまったんだそう。

周波数で、無邪気さは伝わるんですよね。

でも、この無邪気さこそ、邪気のない本来の僕たちの姿です。

実際に僕たちは仙酔島で、ものすごく魂に近い感覚で過ごしていたと思います。

それが、僕たちの「普通」だって思い出してみると、日常を過ごすときの感覚も、そうやって無邪気に過ごせた特別な時間に寄せていきたくなります。

だから、時々、ただ無邪気でいられる時間をつくって、毎日どこかであの感覚を思い出そうと毎日を過ごすようになると、誰だって、心から感謝にあふれて、幸せになれると思うんです。

✧「損だけはしたくない」人ほど損をする理由

そして、無邪気で、素直で、純粋な人って、どういう人かっていうと実は、「損だけはしたくない」なんて、まったく思っていない人だと思うんです。

得とか損とか、そんな発想も浮かばないくらい、今を、そして、今やりたいことを、心から楽しんでいるからです。

もちろん、先ほどお伝えした仙酔島の雨のように、予定通りにいかないこともあります。だけど、そんなときに、「じゃあどうやって楽しむか」を真剣に考えて、実際に楽しんでしまう。

これができれば、「損なんかしない」んです。

むしろ、「どうやって楽しむか」を考えた結果、これまでとは違う楽しみ方ができて、そこには新しい世界と体験が待っているんですよ。

一見、損に見えることって、実はものすごく得だったりする。反対もそうですよね。

だからこそ、損得勘定に自分の大切な人生を振り回されないでくださいねってこと。

いつだって心が喜ぶことを考えて、実行していってくださいね。

「好きなことだけやっていよう」の罠

「好きなことだけやろう」
というスピリチュアルの考え方を
鵜呑みにすると
何もかなわなくなることがあります。
「やりたくないこと」の中にある
「やったほうがいいこと」から
目をそらしてはいけません。

✧表面的な「ワクワク」「イメージング」は逆効果

運は気分です、と言いましたが、これは「いい気分でいるために、ワクワクすることだけをやりましょう」という提案ではありません。

改めてここでお伝えしておきたいのは、スピリチュアルでよく語られる、「好きなことだけをやって、いい気分でいよう」「ワクワクしていいイメージをしよう」という考えには、落とし穴があるということです。

もちろん、ワクワクして、いいイメージを持っていれば願いがかなうというのは本当です。でも、そこには必ず行動が伴っていないといけません。

スピリチュアルが丸ごと排除してしまいがちな、「やりたくないこと」の中には、本当にやらなくてもいいこともちろんあるけれど、願望を実現するためには、やったほうがいいこと、やるべきことが必ず含まれているんです。

たとえば、僕が、「僕のように悪徳コンサルに騙される人を助けたいから、弁護士になりたい」と誰かに話したとしましょう。

「僕、毎日5時間365日、弁護士になった自分を想像して、『あなたのおかげで救われました』と言われるいいイメージを描いてるんだ」と言ったら相手はどういうでしょう。

「いいイメージもいいけどさ、ほんとに司法試験の勉強してないの？　司法試験受からなかったら弁護士なれないよ」って思わず言いたくなりますよね？

そこで僕が、「だって僕、勉強したくないし、嫌なことはしないって決めたんです！　好きなことだけをやって、いい気分でいます！」って言ったらどうですか？

ちょっと開いた口がふさがらないですよね。

「やりたくないことをやらずにいい気分でいる」というのは、一見、心地よいかもしれません。いいイメージをするということも、楽しいでしょう。

でも、**自分の中の本当の本当の本当の自分、つまり潜在意識にとっては、「嫌だし面倒なんだけど、願望を実現するためにはやったほうがいいこと」を、自分のために**

やっている状態こそが、本当に「ワクワクしている」「気分がいい」状態なんです。

だから、いいイメージを毎日しながら、願望をかなえるために必要な「嫌だし面倒なんだけど、やったほうがいいこと」をコツコツやる。

そうすると、自分の中の本当の本当の本当の自分が、心から喜んで、大いに力を発揮してくれます。

「運をあてにしない人」ほど運がいい

運は、じっとこちらを見ている。
自分のすぐ近くで。
自力でできることをやり尽くしたとき、
「ちょっと神風吹かせるか」と
助太刀するのが運。
運は「気にされない」くらいが好き。
「探される」と逃げてしまうから。

✧運は家政婦のように「こちらを見ている」

運って、気づくと1メートルくらい離れたところから、ずーっと自分のことを見ている存在なんです。気づくと「あ！　見られてた！」みたいな。

そう、「家政婦は見た」の市原悦子さんみたいに。

そして、運が近くにいることなんか忘れるくらいに、自分の人生に必死に、本気になっていると、自分の知らないところで運が手助けしてくれます。

「あいつの願望すげーな。めっちゃ行動してんな。なんか面白そうだから、神風吹かせとくか」みたいな感じです。

だから、結果が出た後に、冷静になって考えてみて初めて、運の存在に気づく感じでしょうか。

「本気になりすぎていて気づかなかったけど、僕が知らないところで、運が味方してくれていたな」というふうに。

でも、わざわざ探しに行くと、運って逃げていくんですよね。

「運はどこにある？」「運気が上がるには？」「私にも神風吹かせて」と言いながら、本来やるべき行動をしない。

その状態を、運がどう思うかというと、「全然自分で行動しないやつのことを、見ていても面白くないから離れよう」と、離れていってしまう。

そう、そんな感じで、**運は探されるのを嫌がるし、行動しない人の側から去っていくんです。**

だからこそ、運なんて気にならなくなるくらいに、やるべきことをやること。これが大事だったりします。

✧「運が良かった」は行動した人の「照れ隠し」

運がいい人のところには、何もしていないのにいいことが起きて、何もしていないのに奇跡が起きる……という風に思ったら、実は大間違いだったりします。

運がいい人って、何もしていない人ではないからです。

運がいい人やいわゆる成功者と言われる人たちは、結局、めちゃくちゃ行動している人です。

水面下で、ものすごい努力をしてきています。

だけど、当の本人はそれを努力だと思っていないことがほとんどだったりします。

ひたすら、自分の理想の状態になりたくて、日々、そのことばっかり考えて、がむしゃらに頑張っているだけなんです。

その努力すらも、理想の状態に辿り着く道程であって、喜びだから、「苦しみながら、必死に努力してきました」なんて言わない。

代わりに、みんな口を揃えてこう言うんですよね。

「いやあ、私は、運が良かっただけなんです」ってね。

そう、結局ね、「運がいい」っていうのは、圧倒的な行動力で願望をかなえた人が後付で自分を表現している言葉に過ぎません。

だから、まだかなっていない人は、彼らの「運がいい」という言葉に着目してしまうのですが、実際はね、奇跡を起こしているのは自分の行動なんですね。

「ありがとう」探しゲーム

願望がかなっていない現状を
「ダメ」と思わないことが大切。
かなっていない「いま」も、
世界は愛と感謝であふれている。
いまの状態にどれだけの
「ありがとう」を見つけられるか。

✧かなっていない「いま」にも「ありがとう」

願望がかなわない、うまくいかないときに、「なんでかなわないんだろう」って思いますよね。そういうときっていうのは、かなった状態はいい状態で、かなっていない状態はダメな状態っていうジャッジがあったりするんです。

かなっていない私はダメだ、かなっていないいまはダメだと思っているということ。

たとえば、あなたの「かなっていないさん」が目の前にいるとします。

「何で、かなっていない現状がダメなのよ」と言っていたとします。

「このかなっていない状態も、ありがたい状態なのよ。とにかく感謝なのよ。それがわかるまで卒業させないよ」って言われているとしたらどうでしょう。

いまの状態の中で、どれだけの「ありがとう」を見つけられるか。

この状態の中であなたは何に対して「ありがとう」を言えるか。

かなっていない状態を否定したり、批判したりしない。なかったことにしないってことが大事なんですね。

✧かなっていないときの心の持ち方は「ひたすら感謝」

僕は昔から、ベンツに憧れを持っていました。

でも、借金時代には手が出ず、まずは、国産車ですごく憧れていたオデッセイを手に入れることにしました。

だから、オデッセイを手に入れたのは、人生の中でも最高に嬉しい瞬間でした。

僕は、オデッセイに乗りながら、「2年後にはベンツに乗らざるを得ないんだ」と思っていました。だから、「どんなにこのオデッセイが気に入っていたとしても、あと2年しか一緒にいられないんだ」と思うと愛しくて。

2年間、毎日「オデッセイありがとう」と言いながら乗っていたら、きっと宇宙が、「オデッセイにこれほどまでに感謝できるんだ。じゃあ、前倒しね！」と早めてくれた——僕はそう思っています。

「ベンツに乗りたいけど、オデッセイにしか乗れない。ベンツに乗れていないいまは嫌な状態だ」と思っていたら、きっとオデッセイに乗っている間は不幸せだと感じ、ベンツは遠のいてしまっていただろうと思います。

「いま」をとことん楽しんでいると、願望実現は加速するんです。

だから、どれだけ願望がかなわなくても、「まだかなってないだけ」だということ。かなっていない「いま」の中にある「最高に幸せなこと」をちゃんと味わうことです。

年収200万の人が年収2000万円になりたいと頑張っていたとします。

いまの年収200万があることによって生きていることができるわけだから、「年収200万円のいまの自分」をダメと思う必要は一切ないわけです。

「ああ、200万の年収があるから、2000万円を目指せる！　生活できてる！本当に本当にありがとう！」

と言いながら、

「そうか、2年後にはタワマンに住んでいるから、風呂のないアパート生活をいまのうちに存分に楽しまないと」

と思えたら最高です。

顕在意識を働かせて、「いま」にどれだけ感謝できるか。「いま」を肯定できるか。その状態になるまで、次のステップにはいけないということです。これを覚えておいてくださいね。

✧幸せを先取りできる人は運を引き寄せる

そして、「なかなか願いがかなわないな」というときこそ、「あ、私は現状で、感謝できてないことがあるんじゃないか」と考えてみてほしいと思います。

いまという時代は、「幸せな人しか、幸せになれない」時代です。

いま、どれだけ恵まれているのか、どれだけいい状態なのか、それを再認識したほうが、願望実現は早いってことなんですね。

幸せを先取りしてしまうこと。

幸せだという状況に気づくこと。

いいことがあったから笑うのではなく、先に笑えば、いいことが追いついてきますし、いいことが起きたから感謝するのではなく、先に感謝すれば、感謝に値する現実が生まれてきます。

すべては行動が先、結果を先に表現してみること。

そうすれば、願望は、かなっていても、かなっていなくても、日々は幸せで、いいことが起きていて、気分がいい。

それは、つまり、運がいいってことですからね。

現実逃避は運を落とす

見ないようにと目をそらすほど、
現実はあなたを追いかけてきます。
見たくない現実を
つまびらかにして初めて、
あなたはあなたがやれることが
わかります。

✧隠したいことほど「存在感を増していく」

借金を抱えて人生どん底だった当時の僕は、もちろん、運気も最悪でした。思えば、「現実から目を背けていた」ことが、どんどん借金地獄へ落ちる原因だったと今ならわかります。

借金時代の僕は、借金2000万円であることを自覚するのが本当に怖くて、次から次へと届く請求書の封を開けられずにいました。

役所からくる税金の督促だって、怖くて怖くて見ないふり。

でも、そうやって現実から目を背けていると、どうなるかご存じですか？

現実が「主張してくる」んです。

「現実、こうなってますよ！　しっかり見てくださいよ」って。

隠したいことというのは、隠すことに膨大なエネルギーが注がれてしまって、どんどん大きくなっていきます。それは、強く「そこにある」と意識してるのと同じことですから、現実は、どんどん恐ろしいことになっていきます。

そうそう、督促の紙はどんどん怖い色に変わっていきますしね。

運気を上げたいなら、まずは現実を早く見ることだと思います。

えいや！　で、督促の封を開ける。口座の残高も見る。請求書も一つ残らず開いていくらかかるのか、計算する。

目の前に突きつけられたそれらに、絶望したり、悶絶したりするでしょう。でも、そこからはもう、希望しかなくなります。

それを見ないようにして、なかったことにしようとするのが一番よくない。ほら、どんどん、自分の中で大きく感じるようになるんです。どんなことでもそうですよね。**隠そうとすればするほど、じつはものすごく意識してしまう。**

反対に、直視したら「あ、意外と、大丈夫かもしれない」となることも少なくありません。

とにかく、現実を見る。

現実をつかまえる。

運がいい人になりたいなら、ここからスタートするしかありません。

✧隠し事が間違いなく運気を下げる理由

僕は借金2000万円を抱えている最中に、妻にプロポーズをしました。

借金があることは前もって伝えてありましたし、妻は、僕が借金を返済して豊かになれる人だということを信じてくれていましたから、結婚して妻と家庭を持ったことで、「家族といつも笑っていたい」が僕の願望となって、借金返済が加速したことは間違いありません。

これね、もし僕が、妻に借金のことを黙っている人間だったらどうなっていたか。考えたくもありませんが、借金を返しきれなかったかもしれないなと思います。なぜかっていうと、隠し事をしているときって人は本領発揮できないんです。

隠し事を隠せているつもりでも、それを絶対に知っている人がいます。

それは自分です。**そう、「自分だけは知っている」んです。**

何が良くないってね、何かを隠そうとすることには、ものすごい膨大なエネルギーを要するってことなのです。そこにエネルギーを注がれてしまうから、本来やるべきことに向けて行動する力が湧いてきません。

隠していることや見ないようにしていることって、自分が思っているよりも、大きく感じませんか？　さらに、心のどこかで「見つかったらどうしよう」って思っていたり、隠していることへの罪悪感も感じているわけですよ。

そんな状態で、自分の願望に向かってまっすぐに動き出すことって、なかなか難しいんです。当然、運気は下がってしまうんです。

✧未来の自分に「ありがとう」と言ってもらえる自分でいよう

今の妻と出会えたとき、僕は、借金は抱えていたものの、「10年で返す」と決めて、その人生を生き始めていました。

後になって妻から聞いたとき妻は、「ああ、そんなに気にならなかった。だって、返すだろうと思ったし、お金に困る人だという感じはまったくしなかった」と言っていました。

そう、僕はその時点でもう、借金が残っているにも関わらず、借金をしている自分ではなかったということなんです。**「借金を10年で返して、家族で幸せな時間を過ごす」と決めていた僕は、すでに豊かさの中を歩み始めていた。**だからこそ、妻にも出会えたっていうことですよね、ああ、幸せです。

つまり、**隠し事をしていると、同じようなエネルギー、共通するルールや常識を持っている人が自然と集まってきます。**借金、浮気、ギャンブル……隠そうとすればするほど、そのエネルギーは強くなり、そこに引き寄せられるのは似たようなエネルギーだったりします。だから、僕は借金を重ねているときに、悪徳コンサルに騙されて、さらなる借金を負ってしまったんですよね。借金の匂いがしたんでしょう。

だから、今もしあなたが、人に言えない借金や、恋や人間関係のトラブルや不和で苦しんでいるなら、覚悟を決めて「〇年で返す」「清算する」「離れる」と決めて、本当に望む幸せに向かって動き出してください。

正しいか、正しくないか、ではなく、選択や決断の基準は、「自分の選択が、自分に尊敬されるものであるか」です。

幸・不幸の「切り取り」禁止

結果とは、「終えて初めて」わかるもの。
人生は、最後まで走り抜けてみない限り、
それがゴールテープなのかすら
わからないものです。
だから、どこか一部を切り取って、
「失敗した」なんて言わないで！

✧瞬間を切り取って「幸運」「不運」を判断しない

「人間万事塞翁が馬」といいますが、不運に思えることが幸運につながっていたり、その逆だったりすることはよくあります。一瞬一瞬を切り取って「幸運」だとか「不運」だとは容易に判断しないことが、最終的に運が向く秘訣だと僕は思っています。

それに、「運が良くなりたい！」と言っている人は、たったいま「運が良くない」と自分で宣言しているようなものです。

先にも言いましたが、運は探すと逃げていきます。この地球で行動して、自分にできることをやり尽くしている人に、ちょっと神風を吹かせるのが好きだから。

だから、「運は良くなりたいけど、苦労はしたくない」と言う人と、いま自分にできることをすべてやり尽くし、努力し尽くして「もうこれ以上自分にできることはない。あとは運を天に任せるしかない」という人と、どちらが運を味方につけられるかは明らかです。

ゴールテープを切る前に「いい」も「良くない」もわからないのです。

「今日幸せ」が一生続けば最高の人生

今日という日は、特別な日。
なぜかというと、今日こそが人生を
変えられる唯一の日だから。
人生を幸せにするコツは
今日を幸せに生きることです。

✧過去への後悔や未来への不安より「今日」を生きる

僕は借金まみれのどん底にいたとき、「現在」に生きていませんでした。「なーんで、こうなっちゃったんだろう」と過去を悔いて、「今日もお客さん来ないなあ」っていまの現実を否定して、「このまま借金を返せなかったらどうしよう」「明日はあの取り立てが来る、どうしよう」と、未来を憂えていました。「いま」に、コイケは不在でした。

でも、あるとき、自分の心の奥底からこんな声が聞こえてきたんです。「いま、目の前のお客様を大切にできないのに、幸せな未来なんか来るはずないだろ」って。

そう、僕が、「ああ、昨日のお客さん、もう1枚Tシャツ買ってくれたらよかったのに。ああ、もうちょっといい接客の仕方があったかもしれない」とくよくよ考えながら、目の前のお客さんには適当な接客をしていたとしたらどうでしょう。「いやちょっと、昨日のお客さんより、今日のお客さんでしょうが」ってなりますよね。

昨日っていう日はもう過ぎているし、明日はまだやってきてもいない。

願望を実現するために、自分でなんとかできるのは今日だけなんです！

朝起きたらぜひ、「ああ、今日も最高の1日だったな」と、先に決めてほしいんです。

結果を決めて、行動する。

そうしたら、今日1日を最高だと思って過ごした1日は、やっぱり最高の1日になりますよね。

それを死ぬまで続けたら、それは、最高の人生です！

✧「3秒で現実は変わる」は本当か

「3秒で人生が変わるわけないじゃないか」

そう思いながらこの本を読まれた方もいたかと思います。

でもね、この本を読みながら、あなたが覚悟を決めたのだとしたら、あなたは決める3秒前とはもう違う人生を歩んでいます。

たとえ、借金の額が減っていないとしても、決めた未来で返済した自分に向けての1歩を踏み出しているし、たとえ、今一人ぼっちで部屋で過ごしていたとしても、1年後にパートナーと幸せな食卓を囲んでいる自分が未来で待っています。

決めた未来と、決めなかった未来。

歩き始めた今はまだ、一歩違う方向に歩き出しただけですが、明らかに、今までとは真逆の方向に歩き始めたわけですから、100歩、1000歩と歩いていくうちに全く違う人生になっていきますし、もうその道を歩んでいます。

だから、人生を変えるのには、3秒あれば十分なんです。


今年は僕が借金2000万円を返済して10年が経ちます。

そう19年前は毎日のように取り立て屋が来て、毎日のように借金鬱で鼻水号泣して、毎日のようにパン1個で過ごしていたんですよ。

それが、「10年で返済する」と決めたら、完済に向けて一直線。

今や、妻と2人の娘と犬に囲まれた幸せな生活。家族と海外旅行に行ったり、大好きなスニーカーを月に何足も買えたりして、ありえないくらい喜びに満ちています。

時折夢を見ます。それは、電気も水道も止められた部屋で、真っ暗の中一人で号泣している自分の夢です。きっと、19年前に「10年で返済する」って決めなかった僕の、もうひとつの未来を夢で見ているんだろうと思うんです。

そして、目を覚まして夢と気づいたときに心の底から思うんです。「あのとき決めてよかった!」って。

決めたら、覚悟したら、もう現実は変わっています。

✧「足るを知れ」とは「感謝してさらに望め」だ！

「どうすれば幸せになれますか？」

仕事柄よくそう聞かれますが、僕は大体、こう聞き返します。

「あなたは、どうなったら幸せだなって思えるのでしょう？」

すると、結構な割合でこんな返事が返ってくるんです。

「いや〜〜〜〜、それ！　考えたことなかったですね」

コイケはこの回答にいつもびっくり仰天。だって、「こうなったら幸せ」が自分でもわかっていないのに「幸せになりたい！」なんてあります？　幸せが何かわからないのにがむしゃらに走っても、「僕どこに向かってるんでしょう？」ってなりますよね。

そう、逆に言えば、ゴールの知らされていないマラソンを走ろうとするから、やる気が起きないんです。そりゃそうです。どれだけ走ってみても、「幸せになったかどうか」自分でまったくわからないんですから。

「じゃあ、小池さんは、どうなったら幸せか、すぐに秒で言えるんですか？」と聞かれたら、僕は、「はい！　すぐに！　秒で！　言えますよ！」と食い気味に答えますし、ここで実際に語り始め……てもいいですか？　あ、もうページが残ってないのか！　じゃ、かいつまんで。


「家族とは一緒にいるだけで幸せなのに、今年も年末に海外に行って遊べるから超幸せ。家族で今後、バリ島へ行ったりマレーシアへ行ったり、カナダへ行ったりフィンランドへ行ったり大忙し。予定を立てる瞬間が最高に幸せ」

「講座に参加してくれる人がいてくれるだけでも幸せだけど、もっとたくさんの人が来てくれて、それぞれが幸せになってくれたら、もっと幸せ。トークライブも大盛況！」

「今乗っているベンツも超大好きだから毎日楽しく運転してるけど、２０２６年にはポルシェ・カイエンを買うからさらに超幸せ」

え？　望みすぎ？　足るを知れですって？

これは僕の解釈ですが、宇宙の仕組みから見た「足るを知れ」って、「いま足りていること、環境に心から感謝して、さらに望め！」だと思うんです。「足りているからこれ以上望まない」ではありません。宇宙は行動した結果の感情を求めています。だから**「足りているからこそ、ありがたくさらに望め」**だと思っているんです。

宇宙に帰るときは、ものなんて何も持って帰れません。

でも、好きなものに囲まれて、たくさんの体験をした喜びだけは、宇宙に持って帰れるんです。

宇宙が僕たち人間に授けたのは、本当は物欲じゃなくて、体験欲だったのかもしれません。次から次へと願いをかなえ続ける行動は、宇宙が祝福するのです。

欲しいものは手に入れたほうがいいし、やりたいことはやったほうがいい。

今あるものに最大限感謝して、大切にしながら、さらに願いをかなえていく。

この本を閉じる前に、いま心にある願望——小さなことでもOKです——を達成すると決断してください。

本を閉じたら、さっそく一歩を踏み出してくださいね。

さあ、あなたは「何を」決めましたか？　人生を変えるカウントダウンです。

3、2、1……GO!!

2024年10月　杜の都仙台より　小池浩

小池 浩　こいけ ひろし

心理セラピスト。スピリチュアルと心理学を両輪とした独自の願望実現法で受講生の現実を一変させ「願望実現のプロフェッショナル」と呼ばれる。借金2000万円（うちヤミ金600万円）を抱え自己破産しか道がない状態からの人生逆転劇をまとめた著書『借金2000万円を抱えた僕にドSの宇宙さんが教えてくれた超うまくいく口ぐせ』（サンマーク出版）はシリーズ累計36万部のベストセラー。
小池浩公式ブログ　https://ameblo.jp/indigodsendai/

現実は3秒あれば変えられる

2024年11月 5 日　初版印刷
2024年11月15日　初版発行

著　者　　小池 浩
発行人　　黒川精一
発行所　　株式会社サンマーク出版
〒169-0074 東京都新宿区北新宿2-21-1
電話 03-5348-7800
印刷　　株式会社暁印刷
製本　　株式会社若林製本工場

ISBN978-4-7631-4180-4 C0030
ホームページ　https://www.sunmark.co.jp